뭐가 되고 싶냐는
어른들의 질문에 대답하는 법

WHAT CAN I DO WHEN I GROW UP?

Copyright © The School of Life 2019
Character illustrations © Tyla Mason
All rights reserved.

Korean Translation Copyright © 2021 by MiraeN Co., Ltd.
Korean edition published in agreement with THE SCHOOL OF LIFE through EYA(Eric Yang Agency), Seoul.

이 책의 한국어판 저작권은 EYA(Eric Yang Agency)를 통한 저작권자와의 독점 계약으로 미래엔에 있습니다.
저작권법에 의해 한국 내에서 보호를 받는 저작물이므로 무단전재와 무단복제를 금합니다.

알랭 드 보통

뭐가 되고 싶냐는
어른들의 질문에 대답하는 법

WRITER

TECH ENGINEER

SCIENTIST

MUSICIAN

알랭 드 보통, 인생학교 지음
신인수 옮김

ECONOMIST

CONSERVATIONIST

SURF INSTRUCTOR

PRO ATHLETE

Mirae N 아이세움

차례

들어가는 글
나는 커서 무슨 일을 할까?
007

제1장
내가 뭘 하고 싶은지
알기 힘든 이유
013

제2장
직업이란 무엇인가?
033

제3장
직업의 종류가
이렇게 많은 이유
045

제4장
왜 어떤 직업은 지루할까?
059

제5장
직업은 어떻게 생겨났을까?
069

제6장
좋은 직업과 나쁜 직업
081

제7장
달콤한 광고의 꼼수
091

제8장
보이는 직업과
보이지 않는 직업
101

제9장
왜 누구는 누구보다
돈을 더 많이 벌까?
111

제10장
많이 벌수록 좋을까?
123

제11장
어떤 일을 해야
즐거울까?
135

제12장
내가 즐거워하는 것들
145

제13장
직장과 학교의
공통점과 차이점
169

제14장
결국 좋아하지 않는
일을 하는 이유
181

제15장
커서 뭐가 되고 싶냐는
질문에 대답하는 법
193

WHAT CAN I DO
WHEN I GROW UP?

들어가는 글

나는 커서 무슨 일을 할까?

What can I do when
I grow up?

친척 어른들이나 부모님의 친구들을 만난 자리라고 상상해 봐요. 그중 꼭 한 명은 당연하다는 듯이 여러분에게 "너는 커서 뭐가 되고 싶니?"라고 물을 거예요. 어른들은 이게 정말 평범하고 쉬운 질문인 줄 아나 봐요. 그냥 쉽게 '선생님'이나 '의사' 같은 직업 이름을 척척 말할 거라고 생각하는 거죠. 대답을 듣고 난 다음에는 똑같은 질문으로 다른 아이를 괴롭히러 자리를 옮길 테고요.

> 너는 커서 뭐가 되고 싶니?

> 음, 그게…… 글쎄요, 선생님이 될까 해요.

하지만 이런 질문에 제대로 대답하려면 일이 훨씬 더 복잡해져요. 커서 뭐가 되고 싶냐는 질문만 들으면 마음이 답답해지고 짜증이 난다고요? 그건 너무도 당연한 일이에요. 어떤 일을 직업으로 삼을지 결정하는 것은 정말 어렵고, 낯설고, 심각한 문제니까요. 마음에 드는 답을 찾기까지 수십 년이 걸릴지도 몰라요.

이건 나이를 먹을 만큼 먹고 세금 납부나 회사 운영 같은 복잡한 일을 완벽히 처리하는 어른들도 끙끙거리며 붙잡고 있는 문제예요. 어른의 마음속을 들여다보는 마법이 있다면, 다들 자신의 직업에 만족하는지, 계속 그 일을 하고 싶은지 고민하고 있다는 걸 알 수 있을 거예요. '내가 진짜로 좋아하는 게 뭐지?' 아니면 '도대체 뭐가 문제지?' 같은 심각한 질문을 던지면서요.

또 하나, 뜻밖의 비밀이 있어요. 사실 많은 어른들이 속으로는 자기 스스로 어른이라고 느끼지 않아요. 나이가 들어도 자신이 젊었을 때와 큰 차이를 느끼지 못하는 것이지요. 어른들도 진짜 어른다운 삶은 언제 시작되는지, 왜 많은 문제들에 명쾌한 답이 없는지 궁금해한답니다.

요약해서 말하자면, '나중에 커서 뭐가 될까?'는 어린이 전용 질문이 아니에요. 이건 진지하고 지혜로운 어른한테도 정말 골치 아프고 까다로운 질문이에요.

이 질문에 제대로 대답하려면 자기 자신과 세상에 관해 많이 알고 있어야 해요. 즉 나는 무엇을 좋아하는지, 무엇을 잘하는지, 무엇에 관심 있는지 알아야 하고, 돈이란 무엇인지, 직업에는 어떤 것들이 있는지, 경제는 어떻게 작동하는지 알아야 한다는 말이에요. 그런 다음, 자신이 좋아하는 것과 세상이 필요로 하는 것이 서로 어우

러지도록, 이 둘을 연결시킬 방법을 찾아야 하지요.

　이건 정말 굉장히 복잡한 퍼즐이랍니다. 어른들은 아이들이 학교에 몇 년이나 다녔으면 이제는 커서 무슨 일을 할지 몇 초 안에 대답할 수 있어야 한다고 생각하는 것 같은데, 말도 안 돼요. 어린애가 학교에 몇 년 다녔다고 자동차를 몰거나 로봇을 만들 거라고 기대하진 않잖아요.

　그래서 이 책은 아이들에게 태연하게 장래 희망을 묻는 어른들의 태도를 비판하는 한편, 여러분에게는 이 질문을 좀 더 진지하게 받아들이기를 요구합니다. 여러분이 보다 나은 방향으로 나아갈 수 있도록 말이에요.

　마지막으로 당부하고 싶은 말이 있어요. 이 책은 '여러분이 이 책을 다 읽고 나면, 앞으로 수십 년 동안 무슨 일을 직업으로 삼고 살지 정확히 알게 될 것입니다.' 같은 약속은 하지 않아요. 하지만 이건 장담할 수 있어요. 적어도 장래 희망에 관한 질문이 왜 민감하고, 복잡하고, 아주 중요한 것인지 깨닫게 될 거예요. 그리고 나중에 처음 보는 아저씨가 여러분에게 커서 뭐가 될 거냐고 물으면 멋진 대답을 할 수 있을 거예요. 예를 들어, "아직 잘 모르겠어요. 고민하는 중이에요."라거나, 좀 더 용기를 내서 (웃는 얼굴로) 이런 말을 덧붙일 수도 있지요. "아저씨는요? 아저씨는 뭘 하고 싶으신지 아세요?" 그러면 아저씨는 깜짝 놀라 더 이상 여러분을 괴롭히지 않을 거예요. 또는 정반대로 멋진 대화가 시작될 수도 있고요!

제1장

내가 뭘 하고 싶은지
알기 힘든 이유

Why it's hard to know what you want to do

여러분이 무슨 일을 하고 싶은지 똑 부러지게 대답하기 힘든 데는 그럴 만한 이유가 있어요. 그 특별한 이유를 몇 가지 살펴봅시다.

이유 #1
이건 새로운 질문이다

지난 인류의 역사를 되돌아보면, 인간은 "나는 자라서 무슨 일을 해야 할까?" 같은 질문을 하지 않았어요. 이런 고민은 아주 간단하게, 저절로 해결되었거든요. 그냥 부모님이 하던 일을 물려받았지요. 부모님이 목장에서 양을 키우면 나도 양치기가 되고, 부모님이 빵을 구우면 나도 제빵사가 되고, 부모님이 나룻배에 사람을 태워 호수를 건너게 해 주면 나도 뱃사공이 되는 식이었지요.

화가도 마찬가지예요. 우리는 특별히 그림 그리는 것을 좋아하는 사람이 화가가 될 거라고 생각하지만, 옛날에는 온 가족이 그림에

아버지가 그린 그림

야코포 벨리니, 〈성모자*〉,
1465년경

아들이 그린 그림 #1

조반니 벨리니, 〈세례 요한과 함께 있는
성모자〉, 1490~1500년경

아들이 그린 그림 #2

젠틸레 벨리니, 〈옥좌 위의 성모자〉,
1474~1485년경

벨리니 가문의 화가들

* 성모 마리아와 어린 예수를 함께 이르는 말.

일생을 바치면 아이들도 자연스레 화가를 자신의 직업으로 받아들였어요. 중세 말기 이탈리아가 이런 환경이었죠.

15~16세기에 살았던 벨리니 가문을 볼까요? 이 가문 사람들은 몇 세대에 걸쳐서 예수와 성모 마리아를 그리며 살았어요. 자신의 이름에 '벨리니'가 붙는다는 이유만으로요.

과거에는 자기가 어떤 일을 하고 싶은지 고민할 필요가 없었어요. 직업은 내가 태어난 집안에 따라 자연스럽게 결정되었으니까요. 직업을 잘못 골랐다거나, 더 나은 직업이 있을지도 모른다며 스트레스를 받는 일도 없었어요. 아무런 고민 없이 그저 자신에게 운명처럼 주어진 단 하나의 일을 했지요.

물론 다행히 가문 대대로 내려온 일과 자신이 좋아하는 일이 딱 맞아떨어지는 경우도 있었지만, 반대로 불행한 조합도 있었어요. 트롬본 연주자를 꿈꾸던 변호사, 목수가 되어 가구를 만들고 싶었던 트롬본 연주가, 핸드백 디자이너를 동경했던 목수처럼 말이에요. 물론 방금 꾸며 낸 사례이긴 하지만, 어떤 상황이었을지 이해가 되지요?

결혼도 마찬가지였어요. 옛날 사람들은 자기랑 결혼할 사람을 스스로 고르지 않았어요. 가족이 정해 줬거든요. 대부분 결혼식 날까지 자신의 반려자를 한 번도 만난 적 없었기 때문에 신랑과 신부는 결혼식 날 처음 만나 깜짝 놀라기도 했어요. 때로는 서로 마음에 들어 멋진 한 쌍이 되기도 했지만, 반대로 서로 못 잡아먹어 안달인 경우도 생겼어요. 어쨌든 그 시절 사람들은 처음부터 결혼 상대를

고를 수 없다는 사실을 알고 정해진 대로 받아들여 그럭저럭 잘 살아갔어요.

그 뒤, 지금으로부터 약 200년 전, 그러니까 역사가들이 일반적으로 '현대'가 시작되었다고 보는 시기에 엄청나게 새로운 사상이 생겨났어요. 자신이 무엇을 하고 싶고, 무엇을 잘하느냐에 따라 직업을 고를 수 있다는 생각 말이에요! 부모님은 편자*를 만들며 살았지만 나는 봄에 핀 수선화를 주제로 시를 쓰고 싶으니 시인에 도전해 보겠다고 생각하게 되었어요. 지붕을 수리하는 집안에서 태어난 사람도 육군 장교가 되고 싶다면, 마음이 시키는 대로 군대에 들어가 총 쏘는 법을 배우게 되었고요.

결혼에도 이런 변화가 일어났어요. 결혼하고 싶은 짝꿍을 스스로 찾아 나서는 게 가능해졌어요. 비록 부모님 눈에는 자식이 데려온 사윗감과 며느릿감이 마땅찮거나, 외모가 마음에 들지 않거나, 위험해 보이더라도요. (심지어 세 가지 모두 해당될 때도요.) 그러자 결혼식 날 신랑 신부가 깜짝 놀라는 일도 없어졌지요.

자신이 원하는 직업을 갖고 자신이 좋아하는 사람과 남은 삶을 함께할 수 있는 이런 변화는 장점이 많았어요. 하지만 단점도 있었지요. 한창 경력을 쌓던 중간에 직업을 잘못 선택했다는 것을 깨달았다면 어떡해야 할까요? 그토록 결혼하고 싶은 사람이었는데, 살

---

* 말굽에 붙이는 U 자 모양의 쇳조각.

아 보니 짜증 나는 남편이나 아내였다는 결론에 다다른다면? 탓할 사람은 자신뿐이에요. 꽤 고통스러운 일이죠.

현대 세계는 여러 면에서 훨씬 더 편해졌어요. (치아가 아플 때를 생각해 봐요.) 하지만 우리 선조들은 전혀 몰랐던 현대 사회 특유의 고통이 생겨났지요. 그중에 으뜸은 잘못된 선택을 해서 빚어지는 고통이에요.

이유 #2
사람은 일에서 행복을 찾는다

누구나 행복하게 일하기를 바라요. 그러나 늘 행복한 건 아니지요. 만약 여러분이 서기 600년으로 가서 쟁기질하는 농부에게 땅을 일구는 게 행복하냐고 묻는다면, 농부는 여러분을 굉장히 이상하다는 눈길로 쳐다볼 거예요. 그 시절에는 일에서 행복을 찾지 않았어요. 사람들이 땅을 일구는 이유는 그냥 해야 될 일이었기 때문이었지요. 신께서 그러라고 하셨고, 아버지가 그 일을 했기 때문에요. 무엇보다도 돈이 필요했고요.

요즘 사람들에게 이런 태도는 굉장히 우울하게 느껴져요. 오늘날 사람들은 직업에 큰 희망을 걸고 있거든요. 요즘에는 그냥 일해서 돈만 벌면 충분하다고 생각하는 사람은 별로 없어요. 만약 그렇다면 정말 슬프지 않겠어요? 물론 돈은 살아가는 데 꼭 필요한 것이고, 돈을 벌면 뿌듯함을 느끼기도 하지요. 하지만 여러분은 월요일마다 신음하거나 일 때문에 스트레스를 받아서 투덜거리는 어른을 본 적 있을 거예요. 허구한 날 자기 일이 지긋지긋하다면, 그렇게 일해서 번 돈은 큰 가치가 느껴지지 않을 거예요.

사람들은 재미있으면서 돈도 많이 벌 수 있는 직업을 갖고 싶어 해요. 누구나 그런 직업을 바라지만, 그건 이루어지기 꽤 어려운 소망이라는 걸 알아야 해요. 그 소망을 이루기 위해서는 많은 도움이 필요하거든요.

이유 #3
내가 뭘 하고 싶은지 잘 모른다

가장 큰 문제는 무엇을 하면 행복할지 자기 자신도 잘 모른다는 거예요. 사람은 문제가 생기면 재빨리 알아차리지만, 반대로 자기를 만족시키는 것이 무엇인지는 잘 모르는 경향이 있어요.

예를 한번 들어볼까요? 친척 분이 생일 선물로 뭘 받고 싶은지 물어봐요. 그동안 생일 선물 후보로 여러 가지를 생각해 두었지만 막상 그런 질문을 받으면, 머릿속이 하얘지면서 꿀 먹은 벙어리가 돼버릴 거예요. 모처럼 선물 받을 기회가 날아갈까 마음은 콩닥콩

닥거리고, 머릿속은 이런저런 생각으로 터질 것만 같을 거예요.

자신에게 가장 좋은 선물이 무엇인지 결정하기는 정말 어려워요. 우선 두루두루 살펴보면서 나에게 어떤 선택지가 있는지 알아야 하고, 예전에 무엇을 좋아했고, 금액은 현실적으로 얼마 선에서 가능한지, 또 가까운 데 선물을 살 만한 가게가 있는지 파악해야 해요. 이런 조건 가운데 꼭 하나씩은 빠지기 때문에 마음에 쏙 드는 선물을 받는 일이 드문 거예요. 선물의 경우도 이러한데, 마음에 드는 직업을 찾는 것은 얼마나 더 어려울지 생각해 보세요.

직업을 선택할 때도 선물을 고를 때와 똑같은 조건들이 적용돼요. 자신이 선택할 수 있는 직업의 범위를 모르고, 자신이 어떤 일을 좋아하는지도 애매하고, 월급이나 합격 가능성같이 현실적으로 부딪히게 될 난관도 잘 모르지요. 결국 사람들은, 그러니까 유능하고 진지한 어른들은 종종 이런 생각에 다다라요. '그래, 내가 무언가 원하고 있다는 건 알겠어. 그런데 정확히 무엇을 원하는 걸까? 이 직업이 나랑 안 맞는다는 것도 알겠어. 그런데 이것보다 나은 직업은 무엇일까?'

성경과 기독교 역사에는 신이 인간에게 어떤 일을 하며 살 것인지 정해 주는 이야기가 많아요. 이런 일은 다양한 방식으로 모세에게, 세례 요한에게, 성모 마리아에게, 아빌라의 성 테레사에게, 아시시의 성 프란시스코에게, 마르틴 루터에게 일어나요. 어느 날, 그들은 특별한 일을 하라고 지시하는 신의 목소리를 들어요. 수도원을 만들기 시작하라거나, 이스라엘 사람들을 이집트에서 데리고 나가

라거나, 가난한 사람을 도우라거나 하는 거죠. 여기서 핵심은, 어떤 일을 할지 알려 주는 신의 목소리가 분명했다는 거예요. 신은 이러쿵저러쿵할 것 없이 그들이 그 일에 안성맞춤이라고 단호하게 말해요.

분명 기이한 일이고, 종교를 믿지 않는 사람들에게는 믿을 수 없는 일이에요. 그런데 많은 사람들이 장래 무슨 일을 할지 알아내려고 할 때 이런 방식을 기대해요. 어느 날 눈을 떴을 때 "너는 회계사가 되어라!", "너는 치과 의사가 되어라!", "너는 아보카도를 재배하는 농부가 되어라!" 하는 또렷하고 근엄한 음성이 들리기를 바라지요.

이런 음성을 진짜로 들었다고 주장하는 사람들이 있긴 해요. 이런 사람들은 이렇게 정해진 직업에 '소명'이나 '천직'이라는 말을 써요. 이런 행운아들은 어렸을 때부터 자신이 어디에 이르고 싶은지 잘 알고 있어요. 클라리넷을 연주하고 싶다거나, 제트 엔진을 디자인하고 싶다는 것을 알아요. 또는 쿠두*를 전문적으로 사육하는 사파리 회사를 세우고 싶다는 것도 알고요.

하지만 대부분의 사람들은 이런 천직을 가지고 있지 않아요. 그렇다고 자신을 탓해서는 안 돼요. 꽤 관심 있는 분야가 몇 개 있지만, 푹 빠질 만큼은 아닌 경우가 흔해요. '흠, 재미있을 것 같네.' 이

---

* 구불구불한 뿔을 가진, 나미비아에 사는 영양.

JOB PROFILE #1

사파리 안내원

동물을 사랑하고 야외 활동을 좋아하는 사람에게 알맞은 전문직이에요. 모험심이 있어야 하고, 늘 쌍안경을 가지고 다녀요.

런 식이 더 많지요.

　커서 뭐가 될 거냐고 묻는 어른들은 '천직' 같은 답을 기대하는 모양인데, 실제로 천직을 찾는 사람은 정말 드물어요. 1,000명 가운데 한 명 있을까 말까 할 정도로요. 여러분이 몇 살이든 얼마나 컸든 상관없어요. 천직을 가진 사람은 별로 없어요. 나에게 딱 맞는 직업을 못 찾았다는 것이 여러분이 따분하고 시시한 삶을 살 거라는 징조는 아니에요. 그냥 노력해서 앞으로 여러분이 무슨 일을 할지 알아내면 돼요. 이건 지극히 정상적이면서 아주 해 볼 만한 일이지요.

이유 #4
직업을 '선택하는 문제'에 관심이 없다

　앞으로 무슨 일을 하며 살아갈까 정하는 것은 우리 삶에서 가장 중요한 문제 중 하나예요. 그래서 사람들은 직업을 고를 때 시간과 돈을 많이 쓰면 정성 어린 도움을 받을 수 있을 거라고 기대해요. 어느 대학에서 '나에게 딱 맞는 위대한 직업 찾는 방법'이라는 강좌를 열면 좋겠어요. 어딘가에 '내 인생, 어떻게 할까 대학'이 있어서 몇 년 동안 교수님에게 배운 뒤 미래에 관한 정답을 모두 알아내고 졸업할 수 있으면 얼마나 좋을까요?

하지만 현실은 이래요. 현대 사회는 직업을 정하는 게 어렵다는 사실을 인정하지 않아요. 그래서 우리가 직업을 선택할 수 있게 도와줄 준비를 광범위하게 해 놓지 않는 거예요. 우리는 그렇게 방치되어 하지 않아도 될 실수를 종종 저질러요.

어떤 직업을 갖기 위해 필요한 자질을 훈련하는 데는 엄청난 관심이 쏠려 있는 반면, 어떤 일을 하고 싶은지 수천 가지 선택지 중에서 찾도록 돕는 것에는 관심이 없어요. 모든 교육 과정이나 훈련이 직업을 잘 수행하는 데 집중되어 있지, 직업을 선택하는 것과는 관련이 없어요.

여러분이 조종사가 되기로 결심했다고 상상해 볼까요? 여러분이 눈 깜짝할 사이에 스스로 조종사가 되어서 짠하고 나타날 거라고 기대하는 사람은 아무도 없어요. 조종법을 가르치는 훌륭한 학교와 강좌가 많고, 비행 훈련을 도와주는 선생님도 많아요. 그렇게 몇 년을 배운 뒤에야 마침내 독일이나 호주로 가는 여객기를 조종할 준비가 되는 거죠.

하지만 조종사가 될지, 영업 사원이 될지, 법률가가 될지 결정하는 것을 도와주는 학교는 없어요. 몇 년 동안 '무슨 일을 할지 선택하는 방법'을 가르치는 수업은 없잖아요. 다른 직업을 가지면 어떨지 가늠하고 다른 계획을 시도해 볼 수 있는 세심한 훈련 과정도 없고요. 여러분이 그저 인생의 조종석에 발을 들인 뒤 하늘 나는 법을 습득하기를 기대할 뿐이죠. 정말 안타까운 일이에요. 이게 바로 이 책을 쓴 이유이고요.

이유 #5
어른들도 어떻게 직업을 선택했는지 모른다

 십 대들은 직업의 세계를 어리둥절하게 느낄 수 있어요. 여기에는 몇 가지 이유가 있어요. 여러분이 태어났을 때, 부모님은 직장에서 돈을 벌고 있었을 거예요. 꼭 직업을 갖고 있지 않더라도 여러분을 먹여살리기 위해 노력하고 있었을 거예요. 그래서 여러분한테는 생소한 그 일이 부모님께는 자연스럽게 받아들여졌을 거예요. 어쩌다 여행사 직원이 되고, 물건을 팔고, 사무실에서 일하는 것처럼요.
 부모님은 어떻게 그 일을 하게 되었을까요? 그 직업이 자신이 원하는 일이라는 걸 어떻게 알게 되었을까요? 여러분이 태어나기도 전에, 또는 여러분이 아주 어렸을 때부터 술술 일해 왔는데도, 많은 어른들이 어떻게 하다가 지금 하는 일을 하게 되었는지 제대로 설명하지 못해요. 거짓말하려는 게 아니라 정말로 몰라서요!
 어른들이 지나온 길을 연구해 보면, 그 길이 얼마나 자주 우연에 의해 결정되었는지 알게 되어 깜짝 놀랄 거예요. 여기서 우리는 희망을 느낄 수 있어요. 여러분 또한 이리저리 헤매고 길을 잃을 수도 있지만, 결국에는 다 잘될 거라는 뜻이니까요. 학교를 졸업하자마자 직업을 결정하지 않아도 괜찮아요. 여러분은 결국 오랫동안 세

JOB PROFILE #2

슈퍼마켓 물류 관리사

깔끔하고 질서정연한 것을 좋아하나요? 사람들의 행동에서 일정한 규칙을 찾는 데 관심 있나요? 그렇다면, 슈퍼마켓 물류 관리직이 흥미로운 직업이 될 수도 있어요.

상에 존재하는 줄도 몰랐던, 뜻밖의 만족스러운 목적지에 다다를 테니까요.

마흔다섯 살인 어떤 사람이 대형 마트에서 즐겁게 일하고 있다고 생각해 봅시다. 여덟 살이었을 때 그 사람은 자신이 무슨 일을 하고 싶은지 전혀 몰랐을 거예요. 열여섯 살 때는 현재의 직업과 전혀 관계없는 일, 그러니까 과학자나 기타리스트나 텔레비전 회사 직원이 되고 싶었을지도 몰라요. 하지만 스무 살이 되자 그중에 무엇 하나 쉬운 게 없다는 걸 깨닫게 되었지요. 그러다가 스물한 살때, 운동복 가게에서 1년 동안 일했어요. 그다음 1년 동안은 멕시코와 프랑스로 여행을 떠났어요. 그리고 친구들과 강아지 관련 책을 만들어 파는 작은 사업을 시작했어요. 책을 만들려면 사진작가를 구해야 하는데, 우연히 마트에서 일하는 처남이 사진사로 일해 주었어요. 하지만 사업은 잘 풀리지 않았어요.

강아지 책 사업이 실패하자, 이 사람은 직업 교육을 받은 뒤 마트에서 진열대 상품 정리 일을 맡았어요. 손님들이 아무리 여기저기서 물건을 빼 가도 진열대가 비지 않도록 상품을 채우는 일이지요. 그렇게 1년을 일하자 본사에서 슈퍼마켓 20개를 관리하는 자리를 제안했어요. 곧 서른 살이 되었고요. 작년에는 거래처 곳곳에 딸기, 라즈베리, 블루베리 같은 과일을 공급하는 것을 감독하는 현재 직장으로 옮겼어요.

이 어른은 지금 자신이 하는 일에 확신과 자신감을 갖고 있는 사람처럼 보여요. 하지만 태어나면서부터 그 일을 하겠다고 정해 놓은 건 아니에요. "너는 스페인 남부에서 영국까지 블루베리 유통을 담당하라."는 신의 목소리를 들은 게 아니에요. 그냥 이리저리 구불구불 다니다 보니 삶이 그곳으로 데려다준 것이죠.

직업을 찾는 여정은 대개 이런 식으로 진행돼요. 처음부터 계획이 있는 사람도 있지만, 대부분은 이런저런 일을 거쳐 결국 자신한테 맞는 목적지를 찾아가지요.

이유 #6
그동안 직업 선택을 다룬 책이 없었다

커서 무슨 일을 하면 좋을지 깨닫도록 도와주는 책은 거의 없어요. (내가 이미 다 확인해 봤어요.) 자신에게 맞는 직업 찾기에 관한 책보다는 공룡에 관한 책이 더 많아요. 이해는 되지만, 그래도 좀 아쉬워요. 가끔 마음속으로 '나중에 커서 뭘 할까?'라는 질문을 가볍게 던져 보세요. 어른들이 무심코 장래 희망이 뭐냐고 던지는 질문에 불쾌한 기분이 들거나 놀라는 일이 없도록 말이에요. 적어도 다음번에 별로 친하지도 않은 어른이 다가와서 세상에서 가장 쉬운 질문이라는 듯 나중에 무슨 일을 할 거냐고 물으면, 여러분은 뜻밖의 대답을 하게 될 거예요.

나는 어른이 되면 어떤 직업을 가질까?

여러분이 나중에 갖고 싶은 직업의 종류를 써 보세요. 아직 잘 모르겠다면 비워 놓아도 괜찮아요! 너무 오래 붙잡고 생각하지는 마세요. 그냥 머릿속에 퍼뜩 떠오르는 걸 적어요.

이 책을 다 읽은 뒤, 다시 이 페이지로 돌아와서 자신의 마음이 어떻게 바뀌었는지 한번 살펴보세요. 이 페이지를 비워 놓았다면, 다시 돌아왔을 때는 나중에 무슨 일을 하고 싶은지 좀 더 선명해질 거예요.

나는 나중에 어떤 일을 하고 싶을까?

WHAT CAN I DO
WHEN I GROW UP?

제2장

직업이란 무엇인가?

What is a job?

뻔한 질문처럼 들리겠지만, 직업이란 정확히 무엇일까요? 해운 회사와 계약서를 작성하는 일부터 어린이 목구멍에 있는 작은 편도선을 제거하는 일까지 사람들이 '직업'으로 삼는 일에는 어떤 공통점이 있을까요? 대답은 간단해요. 일하는 대가로 돈을 받아요.

역시 뻔하게 들리겠지만, 이 대답은 아주 중요하고 까다로운 질문으로 이어져요. 왜 사람들은 일하는 대가로 돈을 받을까요? 일할 때 노력을 많이 기울이기 때문에 돈을 받을까요? 많은 사람들은 일을 꽤 열심히 하지만 그렇다고 다 돈을 받진 않아요. 예를 들어, 여러분은 학교에 가서 열심히 공부를 하죠. 하지만 (슬프게도) 그런다고 여러분이 돈을 받는 건 아니잖아요? 여러분은 축구를 잘하려고 노력할 거예요. 하지만 그렇게 노력했다고 해서 돈을 받지는 못해요. 땀을 뻘뻘 흘리며 산에 올라가도 월급을 받지는 않아요. 이처럼 어떤 일을 하느라 노력했다고 해서 모두 돈을 받는 건 아니에요.

일을 해서 돈을 받을 수 있는 진짜 이유는 바로 이거예요. 사람들은 스스로 해결할 수 없는 문제가 있기 때문에 돈을 내요. 자신을 도와줄 다른 사람이 필요한 거예요. 하지만 단지 '부탁'한다고 도와주는 사람은 별로 없기 때문에 다른 사람의 도움을 받는 대신 돈으로 대가를 치르는 거예요. 문제 해결이 급하고 절박하다면, 특히 도와줄 사람이 거의 없는 경우에는 더욱 기꺼이 돈을 내겠지요. 정말 굉장한 생각 아닌가요? 다시 말해, 일은 돈을 받는 대가로 다른 사람의 문제를 해결해 주는 거예요.

직업은 사랑이나 우정이 아니라, 돈으로 보답받기 위해서 사람들을 돕는 일을 의미해요. '우리는 모두 서로의 빨래를 해 주고 있다.'라는 속담이 있어요. 이 말의 뜻을 이해하기 위해서 다음 몇 가지 직업을 살피며 직업이 다른 사람을 위해 어떤 문제를 해결하는지 알아볼게요. 미리 이야기해 두지만, 세상에 당연한 일은 아무것도 없어요.

세탁소

빨래 얘기로 돌아가 볼까요? 어떤 옷은 세탁하기가 참 어려워요. 특히 울 정장이나 실크 원피스 같은 것들은 그냥 세탁기에 넣고 돌리면 옷이 줄어들거나 색이 변하거든요. 이런 옷을 세탁할 때는 일반 가정집에 없는 특별한 기계와 테트라클로로에틸렌(세탁소 특유의 냄새를 풍기는 주범) 같은 화학 약품을 써야 해요. 세탁업계는 사람들이 웃옷에 와인을 쏟거나 바지에 석류 얼룩을 묻힌 덕분에 성장해 왔어요. 전 세계 수백만 명의 사람들이 모직 섬유에서 끈적한 얼룩을 없애며 생계를 꾸려 가고 있어요.

'렌자치'는 이탈리아에 본사가 있는 대규모 드라이클리닝 기계

회사예요. 이 회사에서 최고로 꼽히는 기계의 이름은 '플래닛 150 인더스트리아'인데, 이 기계는 세상에 존재하는 거의 모든 종류의 얼룩을 없앨 수 있기 때문에 웬만한 자동차 가격보다 비싸요. 생각해 보면, 얼룩이라는 문제가 가져온 결과가 참 대단하지 않나요?

피자 배달

피자가 만들기 힘든 음식은 아니에요. 하지만 숙제하느라 바쁜데 피자까지 만들어야 한다면 번거로울 거예요. 이때 해결할 문제는, '어떻게 하면 하던 일을 멈추지 않고 맛있는 음식을 먹을 수 있을까?'예요. 오늘날 많은 직업이 복잡한 문제보다는 우리의 속도를 늦추고 방해하는 기본적인 불편 사항을 해결해 주는 데 집중해요. 그뿐 아니라, 예전보다 더 빠르고 나은 해결책을 찾고 있어요.

늦은 밤, 여러분이 급한 일을 처리하는 동시에 배 속에서 시끄럽게 울리는 소리를 잠재우는 문제를 해결하기 위해 오토바이는 피자 상자를 싣고 비를 맞으며 도시 곳곳을 누비고 있어요.

심리 치료사

드릴, 컴퓨터, 렌즈처럼 복잡한 장비를 갖춰야 하는 직업이 많아요. 이런 것을 생각하면 필요한 장비에 따라 직업이 정의되는 것처럼 보이지만, 사실은 그렇지 않아요. 심리 치료사라는 직업이 그래요. 심리 치료사는 다른 사람의 문제를 귀 기울여 듣고, 지혜로운 조언과 유익한 격려를 해 주는 사람이에요. 이 직업은 값비싼 장비가 필요하지 않아요. 안락한 방에 의자 두 개만 있으면 돼요. 그래도 사람들은 스스로 자신을 도울 수 없는 방식으로 도움을 받기 때문에 심리 치료사에게 기꺼이 돈을 내요. 심리 치료사가 "상대방이 불행하다고 말할 때 당신의 기분은 어떤지 꼭 상대방에게 설명하세요." 같은 조언을 해 준 대가로 돈을 내는 것이지요. 여러분의 부모님도 심리 치료사를 찾아가서 돈을 냈을지도 몰라요. 심리 상담을 받는 것은 비싼 만큼 가치 있는 일이에요.

어떤 사람들은 의자에 앉아 내 얘기를 듣기만 하는 심리 치료가 '진짜' 직업 같지 않다고 말할지도 몰라요. 하지만 지금 우리는 진짜 직업이란 어떤 형태로든 도움을 대가로 돈을 받는 일이라는 것을 배워 가고 있어요. 그에 따르면 심리 치료사는 분명 직업이지요.

프로 축구 선수

대부분의 사람들은 돈을 받고 축구를 하지 않는데, 왜 몇몇 사람은 축구를 한다고 돈을 받을까요? 왜 축구는 어떤 때는 직업이 되고, 어떤 때는 그저 취미일 뿐일까요? 이것이야말로 직업이란 무엇인지를 꿰뚫는 질문이에요. 축구를 재미로 한다면, 축구는 취미예요. 하지만 축구가 다른 사람에게 중요해지면, 축구는 직업이 돼요. 이렇게 축구가 중요한 문제가 되면, 사람들은 축구 선수가 공을 차는 모습을 보려고 기꺼이 돈을 낼 거예요. 가장 많은 관중의 문제를 가장 잘 해결하는 선수의 연봉은 어마어마하지요. 관중이 해결해야 할 문제는 자신이 응원하는 팀이나 자기네 나라 선수가 우승하기

JOB PROFILE #3

심리 치료사

여러분이 다른 사람의 말에 귀를 잘 기울이고, 인간 행동에 호기심이 있다면, 사람들이 다양한 문제를 이겨 내도록 돕는 좋은 심리 치료사가 될 수 있을 거예요.

를 바란다는 거예요. 우승하지 못하면 속상할 테고요.

여기서 '문제'란 정확히 무엇일까요? 많은 직업들이 그 이름만 들어도 어떤 문제를 해결하고 있는지 쉽게 짐작할 수 있어요. 제빵사는 '출출한 티타임'이라는 문제를 해결하고, 치과 의사는 '아픈 어금니'라는 문제를 해결해요. 축구 선수도 문제를 해결해요. 과연 축구 선수가 해결해야 할 문제는 무엇일까요? '이번 토요일에 내가 응원하는 팀이 반드시 이기기를 바란다.'는 문제를 한 프로 선수가 해결하고 있지만, 이게 엄청 급하거나 심각한 문제로 느껴지지 않을 수도 있어요. 그런데 어떤 사람에게는 이 문제가 진짜로 중요할 수도 있어요. 그래서 축구 클럽은 재능 있는 선수들에게 이 문제를 해결하는 대가로 엄청난 돈을 주는 거예요. 취미가 (소수 집단을 위해) 수익성 높은 직업으로 변하는 지점이죠.

작곡가

작곡가가 어떤 문제를 해결하고 있는지 대답하기도 처음에는 좀 애매하게 느껴져요. 하지만 좋아하는 노래를 떠올려 보세요. 그 노래는 여러분에게 여러 가지 감정을 선물해요. 행복하게, 신나게, 또는 슬프게 만들기도 하지요. 노래는 우리가 지루하거나, 혼란스럽거나, 아무 의욕이 없는 순간에 기분을 한결 나아지게 해 줘요. 이처럼 작곡가도 제빵사나 치과 의사처럼 우리의 문제를 해결해 주고 있어요. 그래서 우리는 음악을 다운로드하거나 음반을 구매함으로써 열심히 번 돈을 기꺼이 작곡가에게 주는 거예요.

JOB PROFILE #4

작곡가

작곡을 좋아하나요? 작곡가는 음악을 만드는 사람이에요. 좋은 보수를 받는다는 보장은 없지만, 의미 있으면서 즐겁게 할 수 있는 일이에요.

다른 사람의 직업은 어떤 문제를 해결하고 있을까?

옷에 묻은 얼룩 지우기 같은 일상생활 속 문제부터 마음속에 품은 걱정과 두려움을 털어놓는 일처럼 까다로운 문제까지 사람들은 다양한 분야에서 다양한 방식의 도움을 필요로 해요. 이렇게 생각하면, 거의 모든 직업이 다른 사람을 돕거나 문제를 해결하는 역할을 하지요.

부모님, 이모, 삼촌, 형, 언니, 이웃 사람들이 어떤 직업을 가졌는지 떠올려 보세요. 그들이 일하는 모습을 상상해서 그림으로 그려 보세요. 그들의 직업은 어떤 문제를 해결하나요?

이 사람은 일하고 있는

_____

입니다.

이 사람이 해결하는 문제는

_____

_____

_____

입니다.

이 사람은 일하고 있는

_____

입니다.

이 사람이 해결하는 문제는

_____
_____
_____

입니다.

이 사람은 일하고 있는

_____

입니다.

이 사람이 해결하는 문제는

_____
_____
_____

입니다.

WHAT CAN I DO
WHEN I GROW UP?

제3장

직업의 종류가
이렇게 많은 이유

Why are there so many different jobs?

현대 사회의 가장 두드러진 특징이자 자신에게 꼭 맞는 직업을 찾기가 힘든 이유는, 바로 여러분이 선택할 수 있는 직업이 수없이 많기 때문이에요. 1500년 무렵, 유럽에서 선택할 수 있는 직업은 400개 정도였다고 해요. 그런데 오늘날에는 100만 가지가 넘어요.

당시에는 대다수 사람들이 농부였어요. 노동 인구의 절반 이상이 농업에 종사했지요. 그 밖에 선원, 방직공, 석공, 목수, 제화공 등이 있었어요. 이런 직업들은 우리가 직접 보고, 만지고, 입고, 먹는 것들과 관련 있기 때문에 무슨 일을 하는지 한번에 알기 쉬웠어요. 마을을 거닐면 큰길에 있는 작업장에서 대장장이가 일하는 모습이 보이고, 들판에서 농부가 쟁기질 하는 모습도 보이고, 석공이 벽을 세우고 집을 짓는 모습이 보였을 거예요. 누군가 자신의 직업을 말하면, 그 사람이 무슨 일을 하는지 금방 알았을 테고요.

하지만 이제 직업의 종류는 셀 수 없을 정도로 많아졌어요. 그중에는 언뜻 이름만 들어선 이해하기 어려운 직업도 있어요. 예를 들어 볼까요?

클라우드 아키텍트

회사는 컴퓨터에 중요한 정보를 저장해요. 사실 이 컴퓨터는 회사에 없고 고속 케이블에 연결되어 있는데, 그런 환경을 클라우드 아키텍트가 설계해요.

투자 분석가

다른 사람이나 기관에 돈을 빌려주고 수익을 얻으려는 사람들을 위해 기업과 국가의 재정 상태, 시장 정보를 연구하고 조사해 주는 사람이에요.

면역학자

인간의 면역 체계에 생기는 이상 상태를 조사하고, 몸에 새로 이식된 장기의 거부 반응을 줄이기 위해 일하는 사람이에요.

물류 관리사

상품의 가격과 배송 속도에 초점을 두고, 상품 수송 체계를 짜는 사람이에요.

건축 견적사

새 건물을 지을 때 콘크리트, 벽돌, 유리 등 원자재가 얼마나 필요할지, 비용은 얼마나 들지 알아내는 사람이에요.

JOB PROFILE #5

클라우드 아키텍트

비현실적이고 꿈속에나 나올 법한 이름처럼 들리겠지만, 기술에 대한 지식과 체계적이고 꼼꼼한 사고가 필요한 직업이에요.

조달 담당자

제품을 생산하는데 쓰이는 원재료 주문을 책임지는 담당자를 말해요.

보험 계리사

기업과 개인에게 일어나는 다양한 재난 상황의 위험도를 계산하는 사람이에요.

전염병 학자

개인이 아니라 대규모 집단의 질병을 조사하는 사람으로, 공기와 물로 전염되는 바이러스와 박테리아 확산에 관한 전문가예요.

요즘 세상에 직업이 이렇게 많은 이유는 전문화 때문이에요. 오늘날 노동자들은 거의 다 전문가라고 할 수 있어요. 다들 아주 작은 한 가지 분야에 대해 집중적으로 훈련받아서 그 분야만큼은 굉장히 많이 알고 있어요. (그 한 가지에 관한 거의 모든 것을 익히기 위해 대학에서 몇 년 동안 공부하기도 해요.) 그리고 자신이 맡은 일에 뛰어난 실력을 발휘하지요.

전문화 세계에서는 매트리스의 스프링만 연구하는 사람도 있어요. 온종일 사무실에 앉아서 왜 배송이 늦냐고 투덜대는 고객을 어떻게 대할지 고민하는 사람도 있고요. 휴가객이 빌려 간 자동차 타이어를 점검하는 일만 하는 사람도 있어요. 또 다른 사람은 자동차

JOB PROFILE #6

전염병 학자

전염병 학자는 질병이 일어나는 양상, 원인, 영향을 연구해요. 만약 여러분이 사람들의 건강에 관심이 많다면, 이 일도 선택지가 될 수 있어요. 분석적이고 호기심이 많아야 해요.

몸체만 점검하고요.

하지만 인류가 늘 이런 방식으로 일했던 건 아니에요. 오랜 기간 사람들은 다방면에서 일했어요. 아침에는 곡식을 키우고, 낮에는 의자를 만든 뒤 차를 마시며 회계 일을 보고, 초저녁에는 옷을 몇 벌 꿰매고, 마지막으로 잠들기 전에 양초를 몇 개 만들었지요. 정말 많은 일을 해야 했지만 재미도 있었을 거예요. 하지만 이렇게 일하는 것은 지독히 비효율적이에요. 왜냐하면 여러 가지를 잘하는 사람이 그중에 무엇 하나 뛰어나게 잘할 가능성은 별로 없거든요. '열두 가지 재주 가진 놈이 저녁거리 없다.'는 속담도 있다니까요.

만약 여러분이 뇌 수술을 해야 하는 의사인데, 빵도 굽고 비행기도 몰고 작곡도 한다고 상상해 봅시다. 모두 흥미로운 활동이지만, 뇌 수술도 하고 이런저런 일도 하는 사람보다는 허구한 날 뇌 수술만 하는 사람이 결국 더 실력 좋은 의사가 되지 않을까요?

18세기 영국의 위대한 경제학자인 애덤 스미스가 처음으로 이런 생각을 생각했어요. 혼자 모든 일을 하려다 보면 일이 힘들어지고 느려진다고요. 그래서 스미스는 부자 나라가 되려면 국민들이 이런저런 일을 찔끔찔끔하지 말고, 매일 온종일 한 가지 일에만 집중해야 한다고 주장했어요. 스미스가 이런 생각을 한 계기가 있어요. 어느 날 에든버러의 집 근처에 있는 핀 공장을 방문했을 때였어요. 그는 모든 작업들이 하나하나 전문화되어 있는 공장에서 하루 만에 엄청나게 많은 핀을 만들어 내는 광경을 보고 깜짝 놀랐어요. 스미스는 이 공장 이야기를 다음과 같이 썼어요.

한 사람은 철사를 뽑고, 다른 사람은 그 철사를 똑바로 펴고, 세 번째 사람은 철사를 자르고, 네 번째 사람은 끝을 뾰족하게 만들고, 다섯 번째 사람은 핀의 머리 부분을 붙이기 위해 끝을 간다.

핀의 머리 부분을 만드는 데도 두세 가지 작업이 따로 필요하다. 머리를 붙이는 작업 따로, 핀을 하얗게 만드는 작업 따로, 심지어 핀을 종이에 넣는 일까지 따로 한다.

핀을 만드는 일은 이런 방식으로 약 18가지 개별 작업으로 나뉘는데, 단계마다 다른 사람이 맡아 일했다.

이 공장은 핀을 하루에 4만 8,000개 넘게 만들었다. 하지만 노동자들이 각자 완제품을 만들거나 각 단계의 작업을 전문적으로 수행하는 사람이 없다면, 그들은 하루에 핀을 한 개도 만들지 못했을 것이다.

애덤 스미스

《국부론》(1776년) 1권,
〈노동의 생산력을 향상시키는 원인〉의 〈제1장 분업〉에서 하루 종일 일해 봤자 핀을 한 개도 못 만들었을 거라니! 스미스는 아주 영리했어요. 그는 평생 한 가지 일을 하면 그 일을 아주 잘하게 된다는 사실을 정확히 알아챘어요. 그래서 예전에는 평범한 일상 속에서 잠깐 하던 일을, 이제는 온종일 그 일만 하는 사람들로 공장을 가득 채워 최고의 효율을 냈지요.

부유한 국가에서는 사람들이 아주 좁은 분야를 열심히 공부한 다음, 고급 포장 및 브랜딩 디자이너, 인테이크 부상자 분류 의료진[*], 리서치 센터 매니저, 배송 정책 자문 위원처럼 생소한 이름의 직업을 갖는 경우가 많아요. 인간은 점점 거대하고 효율적인 기계의 작은 톱니바퀴 같은 존재가 되고 있어요.

---

[*] 환자의 심각한 정도를 분류해 어느 부서에 어떤 치료를 의뢰할지 결정하는 의료진.

당신의 생각

활동#3 전문가에 대해 생각하는 방법

다양한 직업 가운데서도 여러분이 어디에 관심이 있느냐에 따라 그 분야의 전문가가 될지 제너럴리스트*가 될지 선택할 수 있어요.

예를 들어, 의사가 되고 싶다면 어떤 환자를 돌보는 의사가 되고 싶은가요? 어린 환자를 돌보는 소아과 의사, 노인 환자를 돌보는 노인병 전문의가 있어요. 또는 뇌나 심장 같은 특정 부위의 치료에 관심 있을 수 있어요. 아마 여러분은 동네에 있는 병원, 즉 가정의학과 의원을 주로 이용하고 있을 거예요. 가정의는 제너럴리스트이기 때문에 모든 연령대의 환자에 관해, 모든 신체 부분에 관해 두루 알고 있어요.

현대 의학은 무척 세분화되어 있어서 아플 때 어떤 과를 가야 할지 모를 때가 있어요. 이때 가정의가 환자에게 안내자 역할을 해 줘요. 또 감기처럼 굳이 전문의한테 가지 않아도 되는 가벼운 질환도 많고요. 동네 가정의학과에 가면 편하게 치료 받으며 시간과 비용을 아낄 수 있어요. 가정의는 환자를 진료하다가 뜻밖의 증상을 발견하면 대형 종합병원 전문의에게 정밀 검사를 받도록 안내해 주기도 한답니다.

여러분은 어떤 분야에 흥미를 느끼고 있는지 생각해 보세요. 그 분야 안에서 더욱 세분화되고 전문화된 직업에는 무엇이 있을지 생각나는 대로 모두 적어 보세요.

---

* 다방면에 걸쳐 두루 아는 사람.

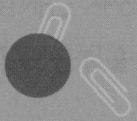

**WHAT CAN I DO
WHEN I GROW UP?**

제4장

왜 어떤 직업은 지루할까?

Why some jobs can be a bit boring

일을 잘하는 가장 좋은 방법은 평생 한 가지 일만 쭉 하는 거예요. 일을 잘하면 돈도 많이 벌겠지요? 그런데 중요한 질문이 하나 있어요. 전문가와 제너럴리스트 중 어느 쪽이 더 흥미로울까요? 정답을 얘기하자면 좀 복잡하지만, 솔직히 저는 제너럴리스트가 더 즐거울 것 같아요. 아이들이 하루 종일 노는 모습을 떠올려 보면 이해될 거예요.

  딱 한 가지 놀이만 하면서 하루를 보내는 아이는 별로 없어요. 다양한 놀이를 하는 편이 훨씬 더 재미있거든요. 토요일 아침나절만 봐도 그래요. 아이는 점퍼를 껴입고 자신이 북극 탐험가라 상상했다가, 잠시 건축가가 되어 레고로 집을 만든 다음, 시리얼을 주제로 노래를 만들어 부르는 록스타가 되었다가, 크레파스 네 개를 접착제로 붙여서 빠르게 색칠하는 방법을 알아낸 발명가로 변해요. 그러더니 응급 구조팀에 몇 분 동안 투입된 다음, 비행기 조종사가 되어 거실 카펫에 화물 비행기를 착륙시켜요. 의사가 되어 토끼 인형의 목숨을 구하는 수술을 하고, 마침내 부주방장으로 취직되어 점심에 먹을 햄치즈 샌드위치를 만들어요. 방금 얘기한 놀이 하나

하나가 모두 직업의 시작이 될 수 있어요. 한 가지를 50년 내내 하기보다는 여러 가지를 10분씩 하는 쪽이 훨씬 더 재미있지 않을까요? 효율성은 떨어지지만 재미는 확실히 더 클 거예요.

어린이에 비하면 어른은 선택의 여지없이 제한적인 삶을 살아야 하는 것처럼 보여요. 의사는 아름다운 시를 쓰는 게 꿈이지만, 많은 환자를 진료하고 새로 개발된 약에 관한 기사도 읽어야 해서 시를 쓸 시간이 없을 거예요. 조종사는 멋진 케이크를 만들고 싶더라도 주요 업무가 다른 대륙으로 날아가는 일이라서 타르트를 만들 짬이 없을 테고요. 전문가로 살면 효율적으로 일하고 부자가 될 가능성이 높지만, 매일 같은 일만 해야 하니 지루해질 수도 있어요.

애덤 스미스를 가장 잘 이해한 동시에 가장 비판적인 독자는 독일의 경제학자 카를 마르크스예요. 마르크스는 공산주의라고 하는 경제 체제를 만들었어요. 마르크스는 스미스가 분석한 효율성에는 전적으로 동의했어요. 전문화는 개인과 국가를 더 부유하게 만드는 혁명적인 힘을 지녔다고 인정했지요. 하지만 '정말 효율성이 이롭기만 할까?'라는 문제에 대해서는 스미스와 의견이 달랐어요. 마르크스는 효율성만 따지면 인생이 정말 지루해질 거라는 점을 강력하게 지적했어요. 그는 부유한 삶보다는 흥미로운 삶을 사는 편이 더 낫다고 굳게 믿었지요.

마르크스는 이상적인 사회에서는 비록 사람들이 조금 덜 효율적으로 살고 덜 부유해지더라도, 개개인이 다양한 직업을 가질 거라고 했어요. 마르크스는 스미스를 날카롭게 비판하면서, 자신이 쓴

공산주의 사회에서…… 누구도 활동 영역을 독점하지 않고, 자신이 원하는 어떤 분야에서든 활동을 성취할 수 있다. …… 따라서 나는 사냥꾼이나 어부, 목동, 비평가가 되지 않고도…… 아침에는 사냥을 하고, 오후에는 물고기를 잡고, 저녁에는 가축을 보살피고, 저녁을 먹은 뒤에는 비평을 할 수 있다.

카를 마르크스

《독일 이데올로기》(1846년)에서

《독일 이데올로기》에서 다양한 일을 하는 것이 얼마나 좋은지 설명했어요.

누가 옳고 그르다고 말할 수는 없지만, 인생을 계획할 때 어느 쪽(스미스의 전문가 편이나 마르크스의 제너럴리스트 편)을 선택할지는 생각해 볼 만한 문제예요.

요즘에도 제너럴리스트로 살면서 일할 수 있어요. 하루 동안 의자를 만들고, 케이크 세 개를 굽고, 시를 쓰고, 식물을 기르는 모습을 상상해 봐요. 평생 동안 직업을 10개나 가질 수도 있어요. 일찌감치 한 가지 일에 집중한 사람보다는 효율성이 떨어지고 돈을 적게 벌 수도 있겠지만요. 하지만 여러분이 삶에서 정말 중요한 가치, 바로 '재미'를 얻겠다고 결심했다면, 이런 단점은 충분히 감수할 수 있지 않을까요?

우리는 지금 일하면서 얻고 싶은 것이 돈이 전부가 아니라는 점을 이야기하는 중이에요. 사람들은 일하면서 의미도 추구하기를 바라요. 가끔 어른들은 좋은 직업을 설명하면서 '의미 있는 일'이라는 표현을 써요. 의미 있는 일이란 다른 사람의 고통을 줄여 주거나 기쁨을 늘려 주는 방식으로 그들의 문제를 해결하는 일을 뜻해요.

흥미롭게도, 많은 기업들이 사람들의 문제를 해결해 주고 있어요. 그렇지 않으면 기업은 파산할지도 몰라요. 여기서 짚고 넘어갈 점은, 많은 직업들이 의미가 있는데도 의미 있게 느껴지지 않는다는 현실이에요. 다시 말해, 많은 직업이 가치 있지만 가치 있다는 느낌이 들지 않아요. 솔직히 많은 일이 지루하죠. 그 이유는 앞에서

JOB PROFILE #7

제빵사

제빵사는 밀가루와 설탕으로 행복을 만드는 전문가예요. 제빵사가 되기는 정말 어려워요. 빵이나 케이크를 보기에도 좋고 맛도 좋게 만들어야 할 뿐만 아니라, 정확히 계량하기 위해 숫자 감각도 있어야 해요.

말한 '전문가의 삶'을 생각해 보면 알 수 있어요. 그리고 또 다른 이유가 있어요. 바로 규모의 문제예요.

많은 기업들은 엄청난 규모를 자랑해요. 중세 시대 영국에서는 직원을 4명 정도 고용한 회사가 대부분이었어요. 요즘 대부분의 사람들은 직원이 50명 넘는 회사에서 일해요. 규모가 큰 회사는 직원 수가 1,000명도 넘어요.

이렇게 큰 회사는 천천히 움직여요. 월요일 아침부터 어떤 제품을 만들지 결정하지 않아요. 화요일 오후까지 제품을 결정하기 위한 준비를 하고, 8개월 동안 세심히 시장 조사를 하고, 2년 동안 시범 제품을 만들고, 1년 동안 공장을 짓고, 그 뒤로도 6개월 동안 제품을 광고하고 마케팅해요. 아무리 마음을 사로잡는 일이라 해도 계속 관심을 유지하기에는 굉장히 긴 시간이에요. 4개 대륙에서 일하는 2만 명 이상의 직원 중 한 사람이 되어 짧아도 5년이 필요한 프로젝트를 진행한다면 당연히 일에 대한 의욕과 호기심을 유지하기가 어렵지 않을까요?

축구 경기가 재미있는 이유는 모든 일이 순식간에 일어나기 때문이에요. 90분 동안 선수 22명이 공 한 개와 골대 두 개가 있는 축구장에서 우리를 흥미진진한 모험의 세계로 끌고 가지요.

오늘날의 직장을 축구에 비유하면, 18개의 경기장에서 축구공 20개와 선수 수백 명이 몇 년 동안 별 진척도 없이, 어떤 결과도 못 낸 채 이리저리 공을 차고 다니는 꼴이라고 할 수 있어요. 심지어 그중에는 공을 찰 기회조차 없는 선수도 있지요. 어른들이 일하면서 가끔 지루해하는 것도 당연해요. 그러니 주말마다 그렇게 운동을 하는 것인지도 몰라요.

　어른들이 하는 일이 의미 없다는 뜻은 아니에요. 단지 모든 일이 너무 천천히 진행되고, 공이 패스되는 일도 자주 일어나지 않는다는 거예요.

WHAT CAN I DO
WHEN I GROW UP?

제5장

직업은 어떻게
생겨났을까?

How do jobs get invented?

직업의 종류가 얼마나 많은지 생각해 보면, 앞으로 새로운 직업은 더 이상 생기지 않을 것처럼 느껴져요. 하지만 직업의 세계에서 놀라운 점은 새로운 직종은 언제나 생겨난다는 사실이에요. 왜냐하면 앞에서 살펴봤듯이, 직업이란 누군가의 문제가 해결되도록 도와주는 일인데, 사람들은 누구나 크고 작은 문제를 가지고 있기 때문이에요. 사람들의 문제가 모두 해결된 뒤에야 새로운 직업이 생기지 않을 텐데, 여러분이 보기에도 그런 일은 금방 일어나지 않을 것 같죠? 그동안 늘 새로운 문제가 생겼고, 사람들은 그 문제를 해결할 방법을 알아냈어요. 이런 과정을 거쳐 최근에 새로 생긴 직업들을 몇 가지 살펴볼게요.

오랫동안 반려견의 주인은 강아지의 발 상태에 그다지 신경 쓰지 않았어요. 강아지 발톱이 약간 부러졌거나 보기 흉해도 관심을 갖는 사람이 별로 없었지요. 하지만 발톱 상태가 나쁘면 강아지 건강에 문제가 생긴다고 지적하는 사람들이 나타나기 시작했어요. 그들은 개를 미용실에 데려가서 발톱을 다듬고 연고로 치료하면 이 문제를 해결할 수 있다고 생각했어요. 그래서 지금은 전 세계 여러

도시에서 반려견의 발을 아름답게 다듬어 주는 '강아지 발 관리사'를 만날 수 있어요.

또 맛있는 음식이 부족한 점을 문제 삼을 수도 있어요. 가지각색 식당이 줄지어 있는 동네에 살고 있는 여러분은 이 문제가 이미 해결되었다고 생각할 수도 있지만, 문제가 완전히 없어진 것은 아니에요. 어떤 사람은 슈퍼마켓에서 파는 과일에 싫증이 나 더욱 새로운 맛을 찾아요. 다행히도 '루쿠마'라는 과일에만 노력을 기울여 온 사람들이 있어요. 루쿠마는 망고처럼 생겼는데, 메이플 시럽처럼 달콤한 맛이 나요. 이 과일은 페루 곳곳에서 디저트로 먹고 있고, 맛있는 아이스크림과 케이크에도 곁들여 먹어요. 지금은 루쿠마의 명성이 전 세계로 뻗어 나가 고작 몇 년 사이에 루쿠마 사업이 폭발적으로 성장했어요. 루쿠마는 페루에서 출발해 시드니, 뉴욕, 런던 등 주요 도시에 있는 고급 수입 식료품점까지 특급 배송되고 있어요. 그 덕분에 요리사들은 루쿠마가 들어간 셔벗, 케이크, 밀크셰이크를 만들어 내고요.

새로운 직업을 발명한 사람을 우리는 이렇게 불러요.

사업가

사업가는 문제를 발견하고, 문제 해결 방법을 개발한 다음, 그 방

JOB PROFILE #8

강아지 발 관리사

강아지의 발을 소중히 보살피는 일은 그다지 의미 있어 보이지 않을 수 있어요. 하지만 다른 사람의 반려견의 발을 건강하게 유지하는 문제를 해결해 준답니다. 문제를 파악하는 것이 사업의 시작이 될 수 있어요.

법을 사람들에게 확실히 알리는 일을 해요. 여러분도 언젠가 사업가가 될 수 있어요. 사업가가 되려면 무엇보다 다른 사람들의 문제를 꿰뚫어 보는 통찰력이 필요해요. 그들은 자신의 삶이나 다른 사람의 삶에서 아직 해결되지 않은 문제를 발견할 때마다 새로운 사업을 찾아내는 셈이에요.

세상에 필요한 사업을 알아내는 방법이 하나 있어요. 아직 다뤄지지 않은 문제는 없는지 평소에 잘 살펴보는 거예요. 이미 몇몇 사업 분야는 잘 성장했고, 해결해야 할 문제가 하나도 없는 것처럼 보여요. 하지만 여전히 처리되지 않은 크고 작은 문제들이 존재해요. 해결책이 있으면 참 좋겠는데, 형식과 가격 면에서 적당한 해결 방법이 없는 경우가 많아요. 친구랑 심하게 말다툼을 했는데 도와줄 사람이 없는 경우, 채식주의자가 이용할 수 있는 중국 식당이 근처에 없는 경우, 또는 친척에게 감사 편지를 써 주는 인공지능이 필요한 경우처럼 말이에요.

어떤 문제가 사업으로 발전하기 좋은지 알아보는 가장 좋은 수단은 바로 자기 자신이에요. 수백만 명의 잠재 고객에게 무엇이 필요한지 알려면, 자신에게 필요한 것을 가장 먼저 살펴봐야죠. 가장 현명한 '시장 조사' 방법은 자신을 들여다보는 거예요.

큰 기업이 파산하는 가장 큰 이유는, 사람들이 가진 문제를 충분히 파악하지 못했기 때문이에요. 옷가게나 식당이 문을 닫는 것을 본 적 있을 거예요. 이런 경우도 고객이 진짜 원하는 것을 제대로 해결하지 못했기 때문에 그렇게 된 거예요. 문제를 짐작은 했겠지만, 충분하지 않았을 거예요. 손님은 더 간소하고 값싼 메뉴를 원하는데 식당에서는 건강에 나쁘고 비싼 음식을 팔았거나, 손님들은 편한 옷을 입고 싶은데 옷가게에서는 화려하지만 꽉 끼는 옷을 팔았을 거예요. 사람들의 문제를 제대로 파악하지 못한 결과는 참혹할 수밖에 없어요.

정부는 국민들이 사업가가 되기를 바라요. 나라가 부유해지는 데 도움이 되거든요. 그래서 정부는 돈을 다루는 방법과 회계 장부를 작성하는 법을 가르쳐 주는 교육 과정을 열어요. 이것이 도움이 되긴 하겠지만, 사업가가 되기 위해서는 다음 세 가지 질문에 답하는 것이 가장 중요해요.

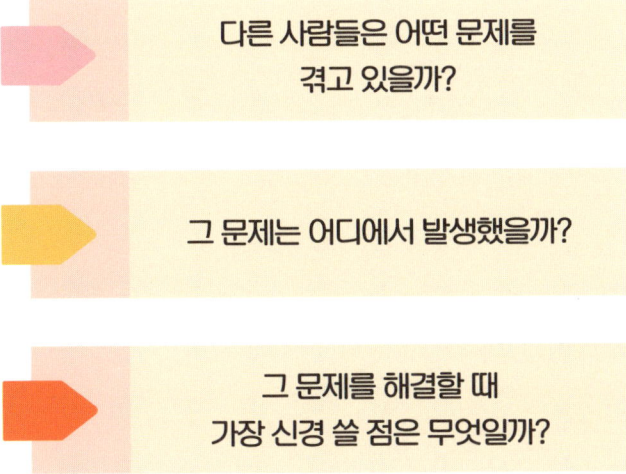

지금 처한 문제 :	가능한 사업 :
더 많은 지역에 더 저렴한 노선을 제공하려고 경쟁하는 항공사	왜 여행을 가야 하는지, 어디로 가면 좋은지 알려 주는 서비스를 제공한다.
새 메뉴를 선보이는 데 어려움을 겪고 있는 식당	저녁 식사를 하면서 즐거운 대화를 나눌 아늑한 장소를 제공한다.
결혼식에서 케이크, 꽃, 좌석 배치 등 행사 진행에 초점을 맞추는 웨딩 플래너	예비 신랑·신부에게 결혼 생활에서 중요한 점은 무엇인지 깨닫도록 상담해 준다.
볼 만한 영상이 수백만 개나 되는 온라인 환경	시간을 지혜롭게 쓰는 방법을 알려 준다.

역사를 쭉 훑어보면, 직업의 탄생에는 흥미로운 점이 하나 있어요. 수세기 동안 해결해야 할 문제들의 종류가 달라졌다는 거예요.

역사 초기에는 많은 직업들이 '몸'의 문제를 해결했어요. 즉, 몸을 따뜻하게 유지하는 방법, 몸을 건조하게 유지하는 방법, 먹을거리를 충분히 확보하는 방법, 포근한 잠자리를 갖는 방법처럼 모두 몸과 관련된 문제였어요.

요즘에는 많은 직업이 즐겁게 지내는 방법, 차분한 마음을 가지는 방법, 흥미로운 생각을 하는 방법 등 '마음'의 문제를 해결하는 데 집중하기 시작했어요. 하지만 아직까지는 사업가들이 마음의 문제에 충분히 집중하지 않고 있는 것처럼 보여요. 미래에는 더욱 많은 직업들이 사람의 마음을 행복하게 해 주는 것과 관련된 일을 할 거예요.

 **사업가처럼 생각하는 방법**

새로운 사업은 내 삶 속에 도사리고 있는 문제를 발견하는 데서 시작된다는 것을 배웠어요.

내 삶에는 어떤 구멍이 있는지 잠시 생각해 보세요. 어떤 사업으로 그 구멍을 메울 수 있을까요? 상상력을 발휘해 보세요. 깜짝 놀랄 만한 답이 떠오를지도 몰라요!

내 삶에 등장한 구멍 :   그 구멍을 메울 만한 사업 :

WHAT CAN I DO
WHEN I GROW UP?

제6장

좋은 직업과 나쁜 직업

Good and bad jobs

대개 직업은 돈을 얼마나 많이 버느냐에 따라 좋은 직업과 나쁜 직업으로 나뉘어요. 그래서 돈을 많이 버는 은행원은 좋은 직업이라 생각하고, 공장에서 일하는 직공은 돈을 많이 못 벌기 때문에 나쁜 직업이라고 생각해요.

하지만 좋은 직업과 나쁜 직업을 나누는 데는 좀 더 근본적인 기준이 있어요. 바로 '그 직업이 해결하려는 문제가 얼마나 심각하고 중요한가?'예요. 사람들에게 매우 중요하고 필수적인 문제를 해결하면 좋은 직업이 되고, 해결하려는 문제가 하찮거나 해로우면 나쁜 직업이 돼요. 그런 의미에서 만병의 근원인 담배를 파는 직업은 사람들이 활기차고 민첩해지도록 돕는 헬스 트레이너와 비교하면 좋다고 말할 수 없겠네요. 두 직업이 월급을 똑같이 받는다 하더라도 말이에요.

일부 사업가들은 이런 구분이 중요하지 않다고 생각해요. 사업가에게는 '어떻게' 돈을 버느냐보다 '얼마나' 버느냐가 더 중요하니까요. 하지만 돈을 버는 방식을 살펴보는 건 진짜 중요한 일이에요. (부자 나라가 아니라) 좋은 나라에서는 대다수의 사람들이 하찮은 문제보다 중요한 문제를 해결하면서 살거든요.

　해로운 방법으로도 돈을 벌 수 있다는 사실은 이상한 결론으로 흘러요. 사람은 대개 진짜 중요한 문제가 뭔지 모른다고 말하지요. 실제로 우리는 중요하지 않은 많은 문제를 중요하다고 확신해요. 게다가 주변 사람들이 사소한 문제에 대해 쉴 새 없이 종알대는 것을 듣다 보면 정작 중요한 문제를 잊을 수도 있어요. 말솜씨 좋은 사람은 가죽 시트와 터보 엔진이 달린 스포츠카를 꼭 사야 한다는 것을 상대방이 믿게 할 수 있어요. 소박한 자동차도 이동하는 데는 아무 문제가 없고, 남는 돈으로 외국어를 배울 수도 있는데 말이에요. 아니면, 엄청 비싼 놀이동산에 가서 형제들과 우정을 나누는 게 필요하다고 믿게 할 수도 있어요. 사실 돈 한 푼 들이지 않고 함께 숲을 산책하는 게 더 나을 텐데 말이에요. 가족 문제는 충분히 대화하지 못해서 생기는 게 다반사거든요.

　정부는 늘 실업자의 숫자가 늘어날까 봐 노심초사해요. 그런데 말이에요, 직업을 갖고 생계를 꾸리는 것도 중요하지만 '제대로 된' 직업을 갖는 게 더 중요해요. 예를 들어, 아이들을 달콤한 불량식품에 중독시키려고 노력하는 직업은 사람들의 진정한 행복에 기여하고 있다고 말하기 어려워요. 설탕에 부과하는 세금을 줄여 달라고 정부에 요구하는 사람들 역시 높은 보수를 받을지는 몰라도 '좋은' 직업은 아니지요.

　직업을 선택할 때는 돈도 좋지만 사람들의 행복에 기여하고 싶다는 바람 또한 중요해요. 사람들의 삶에 부정적인 영향을 끼치는

JOB PROFILE #9

헬스 트레이너

좋은 헬스 트레이너는 단지 몸을 건강하게 만드는 데 도움을 줄 뿐 아니라, 사람들이 텔레비전을 보면서 피자를 먹는 대신 운동을 하도록 용기를 북돋아 주고 격려해 줘요.

직업이라는 것을 알면서도 매일매일 출근하려면 정말 우울할 거예요. 어른들은 때때로 "변화가 필요해."라고 말해요. 하루 일을 마치고 집에 돌아올 때, 오늘도 다른 사람의 불행을 조금이라도 덜어 주었다는 기분을 느끼고 싶을 거예요. 이건 직업의 세계에서 굉장히 중요한 부분이에요.

그런데 정부와 경제학자들은 여전히 실업률을 줄이는 데만 집중하고 있어요. 많은 사람들을 고용하려면 기업이 돈을 많이 벌어야 하니까 사람들에게 돈을 더 쓰게 만들죠. 이런 방법은 효과적이긴 하지만, 돈을 써야 하는 좋은 이유와 나쁜 이유의 차이는 묻혀 버려요. 그러니 좋은 직업과 나쁜 직업의 차이도 모호해지는 거예요.

다행히 나쁜 직업을 줄일 수 있는 방법이 있어요. 그 비결은 사람들이 돈을 쓰도록 마냥 부추길 것이 아니라, 자신에게 정말 중요한 것을 선택하고 진정한 행복을 느낄 수 있는 기회를 주는 거예요. 예를 들어, 불량식품을 사 먹으며 스트레스를 푸는 대신 심리 치료를 받도록 하고, 게임 아이템을 사는 대신 춤을 배우는 데 돈을 쓰게 하는 식으로요.

그러기 위해서는 자신을 행복하게 하는 게 무엇인지 열심히 생각해야만 돼요. 이때 특히 주의해야 할 것이 하나 있어요. 바로 광고예요.

JOB PROFILE #10

역사 다큐멘터리 작가

미라에 푹 빠져 있나요? 피라미드에 반했나요? 특별히 좋아하는 시대가 있나요? 어느 쪽이든 탐구하기 좋아하는 성품과 이야기를 설득력 있게 엮어 내는 능력을 지녀야 해요.

활동#5 내 직업은 다른 사람에게 어떤 영향을 끼칠까?

아래 다섯 가지 직업을 보세요. 그 직업이 직접적으로나 간접적으로 다른 사람의 삶에 어떤 영향을 끼칠까요? 그 직업은 사람들에게 의미 있는 방식으로 도움을 주나요?

자동차 정비사는 타인의 삶에 어떤 영향을 줄까요?

_____
_____
_____
_____

변호사는 타인의 삶에 어떤 영향을 줄까요?

_____
_____
_____
_____

헬스 트레이너는 타인의 삶에 어떤 영향을 줄까요?

프로 서퍼는 타인의 삶에 어떤 영향을 줄까요?

조류학자는 타인의 삶에 어떤 영향을 줄까요?

WHAT CAN I DO
WHEN I GROW UP?

제7장

달콤한 광고의 꼼수

Why adverts matter

이 책은 어른이 된 뒤 여러분이 어떤 일을 할지 생각해 보는 데 도움을 주기 위한 책이에요. 이번 장에서는 길을 살짝 돌아가서 이 모든 문제와 은근히 관련 있는 문제, 즉 광고를 한번 살펴볼 거예요.

여러분은 어렸을 때부터 수많은 광고를 봤을 거예요. 버스에서, 텔레비전에서, 전광판에서, 그리고 인터넷에서도요. 광고는 기업이 고객에게 자기네 제품을 사라고 설득하기 위해 만든 거예요. 굉장히 간단한 광고도 있어요. '이 빵의 가격은 3,000원이에요.' 또는 '가위를 사려면 우리 가게로 오세요. 우리는 저녁 6시에 문을 닫아요.'와 같이 딱 필요한 내용만 알리기도 해요.

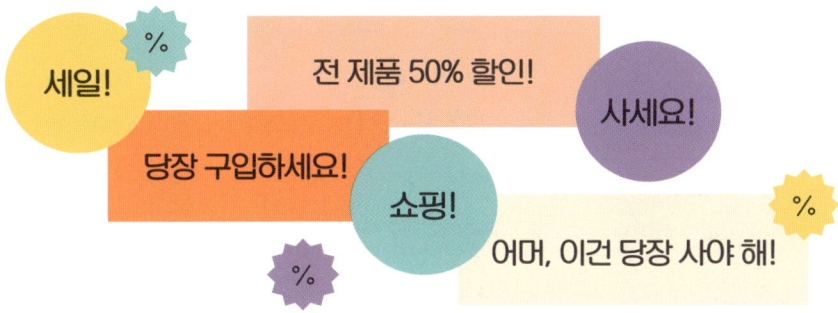

하지만 대부분의 광고는 이보다 훨씬 더 멋지고 기발하게 만들어져요. 가끔씩 텔레비전 광고를 보면 대체 무엇을 광고하는지 한 번에 알아차리지 못할 때도 많아요. 텔레비전 화면에 한 가족이 해변을 거닐고 있는 장면이 나와요. 아이들은 즐겁게 뛰어놀고 부모님은 손을 잡고 있어요. 행복한 분위기, 아름다운 음악, 멋진 경치까지 어우러져 넋을 놓고 광고를 봐요. 무엇을 광고하는지는 몰라도 굉장히 즐거워질 수 있는 물건일 거예요. 그런데 마지막 장면에서 갑자기 '바다의 향기'라는 값비싼 프랑스 향수 광고라는 사실이 드러나요. 흠!

회사는 광고에 돈을 많이 써요. 실제로 효과가 있기 때문이지요. 사람들은 자신이 본 광고에 따라 자기가 무엇을 원하는지 바꾸기도 해요. 그동안 장난감이나 자동차, 옷, 향수가 필요하다는 생각을 한 번도 해 본 적이 없는데, 광고를 본 순간 정말로 그것을 가지고 싶어져요!

대체 광고는 어떻게 우리가 물건을 당장 원하는 것처럼 느껴지도록 만들까요? 영리한 광고는 우리가 진짜, 진짜로 원하는 것을 노려요. 행복한 가족, 평온함, 사랑받는 느낌처럼 아주 기본적이고 필수적이면서도 돈으로는 살 수 없는 것들 말이에요. 광고는 이런 것들을 굉장히 아름답게 보여 주면서 우리의 마음을 흔들어 놓아요. 그리고 우리가 거의 넘어왔다 싶을 때 팔고 싶은 제품을 보여 주지요. 신용 카드, 비싼 시계, 또는 핸드백같이 시시한 물건을요.

광고의 원리는 이래요. 다른 사람의 사랑을 받을 때 느끼는 감정

JOB PROFILE #11

광고 크리에이티브

사람의 마음을 움직이는 일을 좋아하나요? 창의적인 방법으로 사람들을 설득할 수 있나요? 광고업계에서 일한다면 돈을 많이 벌 수 있어요.

처럼 오랫동안 갈망하던 것에 설레기 시작하면, 우리는 마치 최면에 걸린 듯이 고분고분 발걸음을 옮겨 신용 카드를 만들거나 시계를 사러 갈 거예요. 하지만 신용 카드와 시계를 얻은 뒤에 행복한 느낌은 오래 가지 않아요. 사실 신용 카드와 시계가 원래 그렇잖아요. 다시 말해, 광고는 우리가 진짜로 원하는 것들을 눈앞에서 흔들면서 전혀 필요 없는 것들을 팔아요.

우리 삶을 필요 없는 것들로 채우지 않기 위해서 쇼핑하기 전에 다음과 같은 중요한 질문을 던져 보는 건 어떨까요?

> 이것이 진짜로 필요할까,
> 아니면 그냥 가지고 싶은 걸까?

필요한 것과 가지고 싶은 것에는 큰 차이가 있어요. 영리한 광고는 이 차이를 헷갈리게 만들죠.

광고의 엄청난 힘을 느끼려면, 집 안을 쓱 둘러보면서 이제 아무도 신경 쓰지 않는 물건을 찾아보세요. 오랫동안 사용하지 않은 주방 기기, 아무도 쳐다보지 않는 게임기, 입지 않는 옷과 3분1 정도 남은 화장품……. 이건 우연이 아니에요. 많은 물건들이 광고를 보고 정말 필요하다고 착각했기 때문에 산 것들이에요. 잠깐, 그런데 이런 얘기가 직업과 무슨 관련이 있을까요?

완벽한 세상이라면 광고도 그렇게 교활하게 만들어지지 않을 거예요. 시답잖은 것에 정신을 팔리게 하는 대신 제품을 정직하게 설명하는 광고만 만들 테고요. 이미 이렇게 훌륭한 역할을 하는 기업들이 많아요. 다만, 그렇지 않은 기업이 몇몇 있을 뿐이에요. 여러분도 훗날 사업을 구상하거나 직업을 선택할 때, 사람들에게 정말 필요한 것은 무엇일까 고민해 보세요.

그러기 전까지 잔뜩 기대하게 해 놓고는 결국 찬장 뒤에 처박힐 물건을 파는 광고에 넘어가지 않도록 주의합시다.

원하는 것과 필요한 것을 구분하는 방법

이번 장에서는 '원하는 것'과 '필요한 것'의 차이를 배웠어요. 이 차이를 자신의 삶에 어떻게 적용할 수 있을지 생각해 봅시다. 그러기 위해서 몇 가지 예를 들어 볼게요.

내가 원하는 것

패스트푸드 식당에서 파는
기름진 치즈 버거

얼굴 인식 기능을 갖춘
최신 스마트폰

값비싼 한정판 운동화

나에게 필요한 것

기분 좋아질 만한
건강한 요리 레시피

취미로 시작하기에 좋은
필름 카메라

축구하기에 좋은
편안하고 저렴한 운동화

WHAT CAN I DO
WHEN I GROW UP?

제8장

보이는 직업과
보이지 않는 직업

Visible and invisible jobs

우리가 세상에 존재하는 모든 직업을 다 알 수는 없어요. 많은 직업들이 시야에서 살짝 가려져 있기 때문이에요. 이렇게 숨겨진 직업 중에 내가 좋아할 만한 직업이 있을지도 모른다고 생각하면 엄청 안타깝지요!

사실 '보이는' 직업과 '보이지 않는' 직업은 쉽게 구별할 수 있어요. 보이는 직업은 책, 음식, 집, 자동차, 옷, 컴퓨터처럼 우리가 살 수 있는 물건과 관련 있어요. 이런 것들은 모두 직접 보고 만질 수 있기 때문에 많은 사람들이 쉽게 떠올릴 수 있는 직업이지요. 다른 말로 하면, 이런 일자리는 경쟁이 치열해요. 건축가, 요리사, 언론인, 패션 디자이너가 되고 싶어 하는 사람의 수는 무서울 정도예요. 마련된 일자리보다 이 직업을 원하는 사람의 수가 훨씬 더 많아요.

하지만 사람들이 떠올리지 못하는 직업도 많아요. 이런 직업은 우리가 가게에서 살 수 있는 물건과 한 발짝 떨어져 있어서 알아채기 힘들어요. 풍력 발전기나 잠수함 같은 것들 말이에요.

핸드폰을 떠올려 봐요. 핸드폰 회사의 이름은 모르는 사람이 없어요. 전 세계에서 해마다 수백만 명의 사람들이 핸드폰 회사에 취직하려고 애써요. 그런데 핸드폰 속에는 다양한 부품이 들어가요. 이 부품에 관련된 직업이 훨씬 더 많지만 우리 눈에는 보이지 않아요. 메모리칩, 안테나, 마이크, 전기 회로판, 배터리 같은 부품과 관련된 직업을 떠올리는 사람은 별로 없어요.

가게에 진열된 제품에서 한 단계 떨어져 있어 아직은 친숙하지 않은 직업, 예를 들어 배터리 회사나 안테나 회사, 또는 전기 회로 회사에서 일하면서도 보람을 느낄 수 있어요. 이런 분야는 눈에 띄지는 않지만 빠르게 성장하고 있어요.

눈에 보이는 직업과 보이지 않는 직업은 약자를 써서 좀 어렵게 나타내기도 해요. 바로 B2C와 B2B예요.

B2C

'Business to Consumer'로 기업이 소비자를 대상으로 하는 사업을 뜻해요.

일반 사람들이 구매하는 물건과 관련 있어요.

눈에 보이는 직업이에요.

B2B

'Business to Business'로 기업이 기업을 대상으로 하는 사업을 뜻해요.

기업이 구매하는 물건과 관련 있어요.

눈에 보이지 않는 직업이에요.

JOB PROFILE #12

풍력 발전기 기술자

바람의 힘을 전기로 바꾸는 장치를 본 적 있나요? 풍력 발전기 기술자는 이런 장치를 설계하고 유지하는 '눈에 보이지 않는' 직업이에요. 재생 에너지와 관련 기술에 관심 있는 사람이 할 수 있는 일이에요.

B2C는 기업이 '소비자'라고 불리는 일반 대중을 직접 상대하는 사업이에요. 반면, B2B는 기업이 기업을 대상으로 하는 사업을 뜻해요. 풍력 발전기처럼 일반 소비자는 살 수 없고 기업 대 기업으로 판매하는 것을 만드는 직업이에요. 따라서 핸드폰을 판매하는 일은 B2C 사업이고, 핸드폰 부품인 안테나를 만드는 것은 B2B 사업이에요. 신문을 만드는 것은 B2C 사업이고, 신문에 쓰이는 종이를 만들기 위해 나무 펄프를 대량 생산하는 일은 B2B 사업이에요. 전기 자동차를 파는 일은 B2C 사업인 반면, 전기차 안에 들어가는 배터리를 만들어 파는 일은 B2B 사업이고요.

B2C와 B2B를 구분하는 것은 중요해요. 사람들은 일자리를 찾을 때 상상력을 많이 발휘하지 않아요. 그냥 잡지 읽는 것을 좋아하면 잡지 만드는 일을 하고 싶다고 생각하고, 맛있는 음식을 좋아하면 식당을 열기로 마음먹어요. 한마디로, B2C에 속하는 직업에 훨씬 더 주목하지요. 하지만 한 걸음만 떨어져서 '눈이 보이지 않는' 멋진 직업이 많이 있다는 사실을 떠올려 보는 건 어떨까요? 가치도 있고, 꽤 재미있기도 한 일을 찾을 기회가 늘어날 거예요.

JOB PROFILE #13

전기 자동차 판매원

친환경 전기 자동차를 고객에게 판매하는 '보이는' 직업이에요. 자신감 넘치고 설득을 잘하는 말솜씨와 더불어 자동차에 관한 기술적인 지식도 갖추어야 해요.

활동#7 B2C와 B2B 구분하기

앞에서 배웠듯이, B2C는 '기업 대 소비자'를 뜻하고 소비자를 직접 상대하는 분야예요. 반면, B2B는 '기업 대 기업'을 뜻하며 다른 기업을 상대하는 분야를 가리켜요.

이 둘을 구분하는 연습을 하기 위해 아래 신분증을 잘 살펴보고, 누가 B2C 직업을 가졌고 누가 B2B 직업을 가졌는지 생각한 뒤 정답에 동그라미를 해 보세요.

이름
샌디 디거

직업
철광석 캐는 광부

B2B / B2C

이름
파니 스트로크스

직업
수영 선생님

B2B / B2C

이름
클레멘타인 엔지

직업
제과점 주인

B2B / B2C

이름
마누엘 벤추라

직업
해외 무역 담당자

B2B / B2C

이름
라이언 스펠트

직업
밀 재배 농부

B2B / B2C

이름
멜로디 파이퍼

직업
가수

B2B / B2C

답
클레멘타인 엔지: B2B
제과점 주인: B2C
해외 무역 담당자: B2B
밀 재배 농부: B2B
가수: B2C

WHAT CAN I DO
WHEN I GROW UP?

제9장

왜 누구는 누구보다
돈을 더 많이 벌까?

Why do some people get paid more than others?

직업의 세계를 살펴보면서 눈치챈 점이 하나 있을 거예요. 바로 모든 사람이 같은 월급을 받지 않는다는 거예요. 똑같이 영리하고 부지런하고 옷도 잘 입는 두 사람이 같은 시간 동안 일하는데, 한 사람은 다른 사람보다 300배나 더 많이 번다고 칩시다. 굉장히 이상하고 공평하지 않은 것처럼 보여요. 어떻게 이런 일이 가능할까요?

 현대 사회는 종종 돈을 많이 버는 사람이 좋은 사람이고, 돈을 적게 버는 사람은 나쁘다는 생각을 하도록 부추겨요. 내가 괜찮은 사람인지 아닌지를 나타내는 지표가 돈이 될 때가 많은데, 이건 매우 가슴 아픈 일이에요. 돈을 적게 버는 사람들이 우울해지고 자신을 존중하지 못하는 이유가 되니까요. 월급이 적은 것도 슬픈데 월급이 적다는 이유로 자신이 중요하지 않다거나 좋은 사람이 아니라는 느낌을 받는다면 얼마나 마음이 아플까요? 이와 동시에, 완전히 반대되는 의견도 가끔씩 들려요. 돈을 많이 버는 사람은 분명 욕심이 많고 비열하고 이기적인 사람이고, 가난한 사람이 착한 사람이라고요. 이런 경우도 가혹하기는 마찬가지예요.

 무엇이 맞는 말일까요? 부자는 나쁘고 가난한 사람은 착하다? 아니면 부자는 부지런하고 열정적인 데 비해 가난한 사람은 게으르다? 여러분의 생각은 어때요?

진실은 간단해요. 진실을 이해하기 위해서 처음으로 돌아가 직업이란 무엇인지 다시 떠올려 봐요. 직업이란 누군가의 문제를 해결해 주기 위한 일이고, 그 대가로 돈을 받아요. 사람마다 돈을 받는 액수가 다른 이유는 간단해요. 모든 사람이 문제를 해결할 수는 없기 때문이에요. 어떤 문제는 너무 까다로워서 남다른 재능이나 기술을 가진 일부 사람만 해결할 수 있어요. 반면, 어떤 문제는 간단해서 해결할 수 있는 사람이 많고요. 이것이 월급에 영향을 끼쳐요. 그래서 중독성 있는 음악을 만들고 독특한 음색을 가진 가수는 돈을 많이 받는 한편, 샌드위치를 만드는 사람은 비교적 적은 돈을 받는 거예요. 같은 이유로 뇌신경 전문의는 월급이 많지만, 벽돌공은 월급이 적고요.

잠깐, 여기서 중요한 점을 짚고 넘어가야겠어요. 월급의 차이가 그 직업의 '중요도'를 나타내는 것은 아니에요. 월급은 단지 고객이 어떤 문제를 얼마나 해결하고 싶어 하고, 그 문제를 해결하기 위한 기술을 가진 사람이 얼마나 많은가를 나타낼 뿐이에요. 다음 두 사람을 비교해 볼까요? 60미터 거리에서 골을 넣을 수 있는 사람과 암에 걸린 환자를 돌볼 수 있는 사람.

프로 축구 선수는 간호사에 비해 돈을 엄청나게 많이 받아요. 하지만 이건 축구 선수가 간호사보다 중요한 문제를 해결하고 있다는 의미는 절대 아니에요. 단지, 골 득점 문제를 해결할 수 있는 사

JOB PROFILE #14

프로 축구 선수

경기 종료 직전에 공을 차서 결승골을 넣을 수 있나요? 할 수 있는 사람이 거의 없을 거예요. 그래서 재능 있는 소수의 사람만 프로 축구 선수가 될 수 있어요.

람의 수에 비해서 그 문제를 해결하고 싶어 하는 사람의 수가 압도적으로 많기 때문에 축구 선수의 연봉이 쉴 새 없이 오르는 거예요. (일주일에 수백만 달러를 받는 선수도 있어요.) 병원에서 암 환자를 돕는 간호사의 일도 분명 가치 있는 일이에요. 하지만 간호사의 수는 프로 축구 선수의 수보다 훨씬 더 많지요.

사람들은 좋은 사람인지 아닌지를 돈으로 판단하는 경향이 있어요. 달리 말하면, 월급을 '도덕적으로' 해석해서 고소득자와 저소득자가 착한 사람이거나 나쁜 사람이라고 믿는 거예요. 하지만 그건 돈을 바라보는 올바른 방식이 아니에요. 우리가 앞에서 얘기했듯이, 월급은 그 사람이 중요한 일을 하고 있느냐 아니냐를 결정하지 않아요. 월급은 단지 그 일을 하고 싶어 하는 사람들이 얼마나 많으냐에 따른 결과일 뿐이고, 그 일을 할 수 있는 사람 수에 따라서 정해질 뿐이에요. 만약 어떤 일을 할 수 있는 사람이 많다면, 그 일이 얼마나 중요하든 간에 (암 병동에서 환자를 돕는 일처럼) 그 일에 대한 보수는 적을 수밖에 없어요. 반면 어떤 일을 할 수 있는 사람이 거의 없고 그 일이 해결되길 바라는 수요가 충분하다면, 그 일이 아무리 사소해도 급여는 올라갈 거예요. (그리고 프로 축구 선수는 이탈리아 스포츠카를 살 수 있겠지요.)

급여는 단지 그 일을 할 수 있는 노동자의 공급에 수요가 얼마나 연결되어 있는지를 반영한 것일 뿐이에요. 많은 사람이 할 수 없는 일을 얼마나 많은 사람이 원하느냐에 달린 문제라는 의미지요.

세상이 더 공평해져야 한다고 주장하는 사람들을 많이 봤을 거

JOB PROFILE #15

간호사

간호사가 엄청 높은 보수를 받는 건 아니지만, 여러 가지 의미 있는 방법으로 사람들을 도와요. 공감 능력, 회복력, 팀원으로 조화롭게 일할 수 있는 능력이 필요해요.

예요. 이 말은 모든 사람이 거의 똑같은 수준의 돈을 받아야 한다는 의미일 때가 많아요. 앞에서 소개한 카를 마르크스도 이런 생각에 푹 빠져 있었지요. 여러분의 의견이 어떻든 이런 일이 금방 실현되지는 않을 거예요. 지금의 급여 시스템이 너무 단단히 정착되어 있어서 이 시스템을 바꾸자는 건 날씨를 바꾸자는 말과 같거든요.

하지만 급여 차이에 화가 난다면, 지금 당장 할 수 있는 일이 있어요. 자신이 생각하는 돈의 의미를 바꾸는 거예요. 월급의 액수로 좋은 사람과 나쁜 사람이 구분된다는 생각을 버리고, 돈의 가치를 조금 덜 중요하게 여겨 봐요. 월급은 그저 '그 일을 할 수 있는 노동자의 공급과 수요의 차이를 반영한 것일 뿐'이라는 점을 잘 이해하는 것이죠. 축구 선수는 멋지고, 병원에서 일하는 간호사는 중요하지 않다는 생각을 할 필요가 없어요. 그 반대 경우도 마찬가지고요.

여러분도 언젠가 월급이 많은 직업과 그렇지 않은 직업 사이에서 선택해야 할 날이 올 거예요. 월급이 적은 직업이 더 자유롭고 재미있을 것 같지만, 돈을 적게 준다는 사실 때문에 고민하게 될지도 몰라요. 또는 월급이 적으면 친구들이 나를 무시할 것 같아서 그 일을 선택하지 않을지도 몰라요. 하지만 월급의 의미를 제대로 이해했다면, 여러분이 조금 다른 방식으로 선택하길 바랍니다. 단지 돈을 많이 번다고 좋고, 적게 번다고 나쁜 직업은 어디에도 없어요. 이 사실을 깨닫는다면, 여러분은 직업을 선택할 때 좀 더 자유로워질 거예요. 그리고 간호사와 축구 선수라는 직업에 관해서도 조금 다르게 생각할 수 있을 거예요.

당신의 생각

월급에 구속받지 않고 직업을 선택하는 방법

아래 나오는 다양한 직업을 살펴보세요. 각 직업의 월급은 얼마나 될지 생각하지 말고 자신이 가장 하고 싶은 일에 동그라미를 하세요.

그다음에는 어떤 직업을 선택했는지, 왜 선택했는지 생각해 보세요. 놀라운 점이 있나요?

가게 점원

자동차 정비공

건축가

변호사

미술사 연구원

심리 치료사

 작가
 기술자
 과학자
 음악가
 수의사
 경제학자
 카페 주인
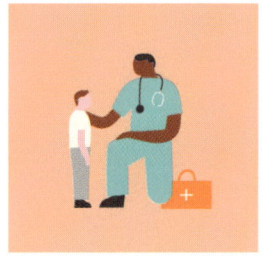 의사
 스포츠 감독
 환경보호 활동가
 서핑 강사
 프로 운동선수

WHAT CAN I DO
WHEN I GROW UP?

제10장

많이 벌수록 좋을까?

How important is money?

어른이 되면 돈을 최대한 많이 벌려고 노력해야 한다는 생각이 들 수 있어요. 하지만 자신의 마음을 솔직히 살펴본 뒤, 돈을 많이 버는 대신 아래와 같은 것을 선택하기로 마음먹을 수도 있어요.

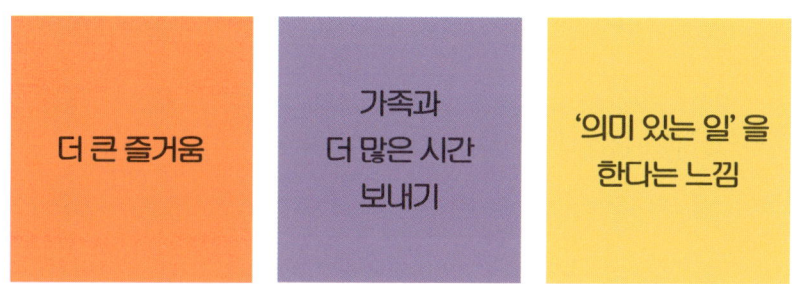

돈은 매우, 매우 중요해요. 필요한 것을 구하려면 돈을 내야 하니까요. 하지만 돈이 세상에서 가장 중요한 것은 아니에요.

이 사실은 간단한 실험을 해 봐도 알 수 있어요. 어떤 사람이 나에게 매일 혼자 방에 앉아서 라틴어 동사를 외우면 수백만 달러를 주겠다는 약속을 했다고 상상해 봐요. 그리고 매우 적은 월급을 받지만 (그래도 의식주를 해결하기에 충분한 금액이에요.) 하루 종일 재미있는 일을 할 수 있다고 상상해 보고요. 여러분은 어느 쪽을 선택하겠어요? 답은 분명해요.

이 실험은 돈을 많이 번다고 해서 꼭 '좋은 직업'은 아니라는 사실을 보여 줘요. 돈을 많이 벌지만 사람을 불행하게 만드는 나쁜 직업도 많아요. 많은 월급을 받는 건 아니지만, 다른 사람에게 도움이 되면서 자신도 즐거운 시간을 보낼 수 있는 좋은 직업도 있고요.

변호사를 예로 들어 볼게요. 변호사는 복잡한 법률 문제를 해결하려는 사람들과 만나 몇 날 며칠을 보내야 해요. 하루 종일 책상 앞에 앉아서 수많은 문서를 꼼꼼히 읽어야 하고, 자신이 맡은 사건에서 이기기 위해서라면 무엇이 옳고 그른지, 어떤 가치가 더 우선인지에 대한 개인적인 생각은 접어야 해요. 훌륭한 법이 아니라는 생각이 들어도 법대로 따라야 해요. 만약 이 점이 답답하다고 느껴지고 자기 적성에 맞지 않는다고 생각한다면, 변호사라는 직업을 견딜 수 없을 거예요. 돈은 꽤 많이 벌겠지만 은퇴하기까지 몇 년이나 남았는지 매일 손가락만 세게 될지도 몰라요.

'보수가 좋은 직업'이라고 하면, 사람들은 현금으로 살 수 있는 멋진 것들을 떠올려요. 전혀 즐겁지 않은 일을 하면서 하루를 보낼 수도 있다는 점은 생각하지 못하고요. 하지만 직업의 세계를 들여다보기로 했다면, 한 번쯤 돈이 무슨 소용이 있는지 질문해 볼 필요가 있어요. 돈을 많이 버는 게 나쁘다는 말이 아니에요. 단지 직업을 선택할 때 돈이 가장 중요한 조건은 아닐 수 있다는 의미예요. 돈을 충분히 벌 수 있는 동시에, 자신이 즐겁게 일할 수 있는 직업

JOB PROFILE #16

변호사

설득력이 있고 끈질기며 사람을 잘 다루는 재주가 있나요? 변호사는 법률 용어가 빼곡히 적힌 복잡한 문서도 이해할 수 있어야 해요.

을 찾아야 해요.

그렇다면 돈은 얼마나 있어야 충분할까요? 보통 돈은 많으면 많을수록 좋다고 생각하지요. 정말 이상하게 들리겠지만, 진지한 질문을 하나 해 볼게요. 왜 돈은 많을수록 좋을까요? 돈이 많을수록 좋은 시간을 보낼 가능성이 높기 때문일까요? 하지만 놀랍게도 이는 완벽하게 맞는 말이 아니에요. 즐거운 인생과 돈 사이의 연결 고리는 별로 튼튼하지 않답니다.

예를 하나 들어 볼게요. 지금 여러분에게는 중요하게 느껴지지 않겠지만, 어른한테는 꽤 중요한 문제예요. 외식을 하기로 했는데, 저렴하지만 특별한 음식도 없고 인테리어가 멋지지도 않은 식당과 비싸지만 특급 셰프의 정성이 담긴 우아한 음식이 나오는 고급 식당이 있어요. 과연 어느 쪽이 더 좋은 경험일까요?

정답이 뻔한 질문이라고 생각하나요? 당연히 비싼 식당에 가는 게 더 좋다고요? 이게 바로 돈을 많이 벌수록 좋은 이유라고요? 하지만 사실 전혀 뻔한 질문이 아니에요. 여러분이 친한 친구들과 함께 저렴한 식당에 가서 시간 가는 줄 모르고 재미난 대화를 나눴다고 생각해 봐요. 정말 많이 웃고 떠들면서 친구들에게 사랑받고 이해받는다는 느낌을 받았어요. 그야말로 멋진 저녁 시간이 되었을 거예요. 반면, 좋아하지 않는 사람과 고급 식당에 가서 먹는 내내 재미난 얘기도 나누지 않았다면 우울한 시간이 되었을 거예요. 음식이 아무리 맛있었더라도 말이에요.

이 예는 즐거운 시간이란 돈을 얼마나 많이 쓰느냐가 아니라 다른 것에 달려 있다는 것을 보여 줘요. 물론 고급 식당에서도 즐거운 시간을 보낼 수 있어요. 좋은 친구들과의 즐거운 대화가 있다면 말이지요. 여기서 우리는 아주 중요한 사실을 알 수 있어요. 차이를 만들어 내는 것은 음식의 가격이 아니라 친구들과 나누는 대화라는 사실을요.

휴일을 예로 들어 볼까요? 제트스키를 타고 스쿠버 다이빙을 하거나 자동차 경주 트랙이 있는 고급 호텔에서 휴일을 보낼 기회가 있어요. 돈이 엄청 많이 들겠지요? 아니면, 휴일에 산 속으로 캠핑을 떠나는 건 어떨까요? 특별히 사진을 찍어 자랑할 만큼 화려하진 않지만, 돈이 많이 들지는 않을 거예요. 어느 쪽이 더 좋은 휴일이 될까요? 여전히 고급 호텔에서 휴일을 보내는 게 더 좋을 거라고 생각하나요?

즐거운 휴일이 돈을 얼마만큼 썼느냐에 달려 있지 않다는 사실을 이제 깨달았나요? 이뿐만이 아니에요. 친구를 사귀는 것, 가족들과 잘 지내는 것, 저녁에 재미있는 취미 활동을 하는 것은 모두 돈의 액수에 따라 결정되지 않아요.

어떤 휴일이 좋았고 어떤 외식이 좋았는지에 대한 답은 우리 삶에도 적용할 수 있어요. 돈을 음식 재료라고 생각해 봐요. 돈은 중요한 재료예요. 하지만 중요한 재료가 하나 있다고 해서 좋은 음식을 만들 수 있는 건 아니에요. 맛있는 음식을 만들기 위해서는 올리브유가 필요하지만, 먹을 게 올리브유밖에 없다면 우리 삶은 엄청 우울해질 거예요.

돈만 있으면 즐거운 휴일을 보낼 수 있을까요?

고급 호텔에서 보낸 실망스러운 휴일

부모님 사이가 안 좋다.
나는 외로웠다.
제트스키는 조금 재미있었지만
친구랑 타면 더 좋을 것 같다.

고급 호텔에서 보낸 즐거운 휴일

전반적으로 아주 좋았다.
낮에는 가까운 곳으로 놀러 갔고,
저녁에는 즐거운 게임을 했다.
나에게는 다정한 가족들이
가까이에 있고, 친구들도 많다.

저렴한 캠프장에서 보낸 실망스러운 휴일

부모님 사이가 안 좋다.
나는 외로움을 느꼈다.
해변 산책은
잠시 재미있었지만
친구랑 함께했으면
더 좋을 것 같다.

저렴한 캠프장에서 보낸 즐거운 휴일

전반적으로 아주 좋았다.
재미있는 활동도 했고,
저녁에는 게임을 했다.
가족들과 캠핑장에서
즐거운 시간을 보냈고,
새 친구도 사귀었다.

돈 외에도 행복한 인생이라는 음식에 넣어야 할 중요한 재료는 다음과 같아요.

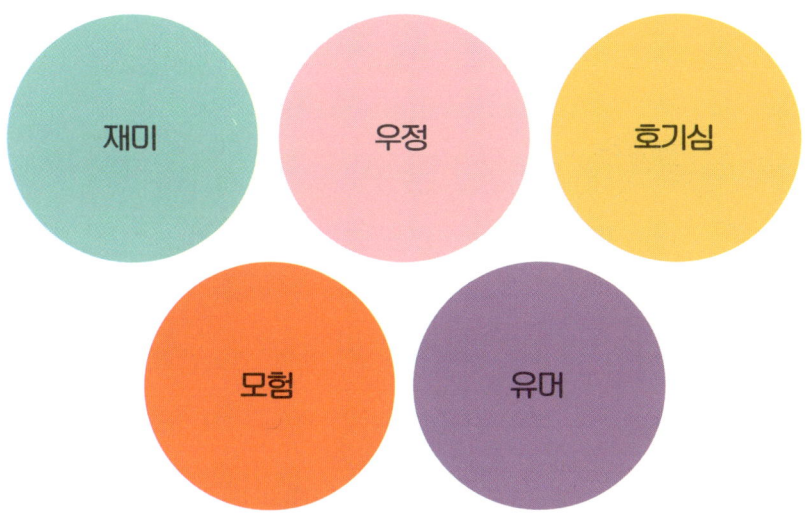

여러분에게 이런 재료가 있다면, 돈이 별로 없어도 즐거운 시간을 보낼 수 있을 거예요. 만약 이런 재료가 없다면, 돈이 아무리 많아도 행복한 인생을 살기 힘들 테고요. 직업을 고를 때 바로 이런 점을 생각해 보세요. 만약 100가지 이유로 우울해진다면, 돈을 많이 벌어도 아무런 의미가 없어요. 반대로 직장에서 즐거운 시간을 보낼 수 있다면, 주말을 텐트 안에서 보내야 하더라도 별로 속상하지 않을 테고요.

활동#9 행복한 직업이 가져야 할 핵심 요소는?

행복한 직업에 필요한 핵심 요소를 다시 한 번 살펴봅시다. 다음 중 무엇이 여러분을 행복하게 해 주는지 1위부터 6위까지 순위를 매겨 보세요.

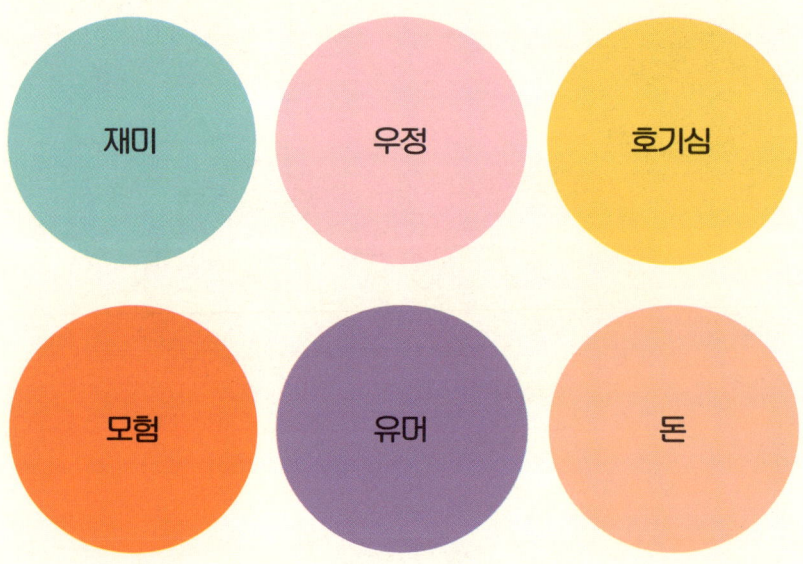

이 중 무엇이 나를 가장 행복하게 해 주는지 알았다면, 이제 그 핵심 요소가 들어간 직업에는 어떤 것들이 있는지 생각해 보세요. 예를 들어, 모험과 호기심을 가장 중요한 요소로 꼽았다면 고고학자, 여행 가이드, 컨테이너 선박의 선장 같은 직업을 떠올려 보는 거예요.

나를 행복하게 하는 핵심 요소 :

1 _____   4 _____
2 _____   5 _____
3 _____   6 _____

이런 핵심 요소를 지닌 직업 :

WHAT CAN I DO
WHEN I GROW UP?

제11장

어떤 일을 해야 즐거울까?

What makes a job enjoyable?

돈은 직업을 선택할 때 중요하게 고려해야 할 요소이지만, 일을 즐기는 것만큼 중요한 것은 아니라는 점을 배웠어요. 그렇다면 무엇이 일에 재미와 만족감을 줄까요? 직업에 있어서 '재미'와 '의미'는 무엇일까요?

다른 사람을 기쁘게 하는 일

즐겁게 일하는 사람들의 특징은 남을 도와주는 것을 좋아한다는 점이에요. 이 말이 약간 이상하게 들리나요? 보통 다른 사람에게 도움받는 것을 더 좋아한다고 생각하니까요. 그런데 사실 우리는 자신이 타인에게 도움이 된다고 느낄 때 훨씬 더 기분이 좋아져요.

근심에 빠진 친구를 격려해 줘서 친구가 힘을 얻었을 때, 여러분은 친구의 감정을 긍정적으로 변화시켰다는 사실에 기쁨을 느꼈을 거예요. 또 엄마를 위해 아침 식사를 준비했을 때 엄마가 보여 준 환한 미소는 아직도 여러분의 마음을 뿌듯하게 할 거예요. 신기하게도 선물은 받는 것보다 주는 게 더 즐거울 때가 많아요.

그런데 다른 사람들에게 전혀 도움이 되지 않는 직업도 있어요.

도박장에서 일하는 직업을 생각해 볼까요? 스포츠 경기나 경마를 놓고 도박하는 사람들은 거의 매번 돈을 잃고 나서 돈을 허투루 썼다고 뼈저리게 후회하죠. 도박장에서 일한다면, 시간이 지날수록 많은 사람들이 불행해지는 것을 보게 될 거예요. 그러면 여러분도 서서히 기분이 언짢아질 수 있어요.

따라서 어떤 직업을 택하든 가장 먼저 던져야 할 질문은 '연봉이 얼마나 되는가?'가 아니라 '다른 사람에게 어떤 도움을 주는 일인가?'여야 해요. 꼭 성인군자라서 이런 질문을 해야 하는 게 아니에요. 오히려 그것이 자신의 행복에 집중할 수 있는 가장 좋은 방법이기 때문이에요. 지혜로운 사람이라면 다 알고 있는 비밀이지만, 타인을 즐겁게 하는 건 정말 기분 좋은 일이거든요.

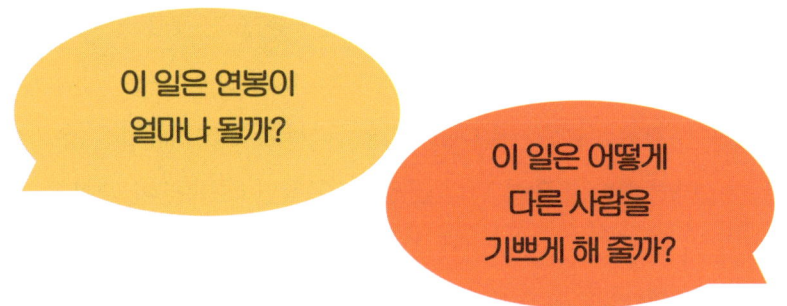

재능과 능력을 살리는 일

한 손만 사용해서 옷을 입어야 한다고 상상해 봐요. 처음에는 재미있는 도전처럼 느껴지고, 할 수 있다는 생각도 들 거예요. 하지만 조금만 지나면 짜증이 날 거예요. 한쪽 손이 멀쩡히 있는데 쓰지 못하니 얼마나 바보 같겠어요. 이 간단한 실험에서 우리는 중요한 사실을 알 수 있어요. 자신의 능력을 마음껏 발휘하지 못하면 짜증이 난다는 것을요.

이런 일은 직업의 세계에서도 일어날 수 있어요. 여러분이 토론을 잘한다고 가정해 볼까요? 여러분은 어떤 것이 왜 옳고 그른지 조목조목 잘 설명할 수 있어요. 이런 능력이 있는 사람은 많지 않아요. 하지만 정작 여러분은 논쟁을 하면 안 되는 일을 하고 있어서 남들의 말에 맞장구만 쳐야 한다고 생각해 보세요. 예를 들어, 호텔에서 일하고 있다면 고객을 상대로 논쟁을 벌이는 것은 좋은 생각이 아니겠지요. 이것은 한 손을 등 뒤에 둔 채 모든 일을 처리해야 하는 상황이나 마찬가지예요. 반대로, 정치계에서 일한다면 여러분의 날개를 활짝 펼칠 수 있을 거예요. 정치판은 날마다 논쟁을 하는 곳이니까요.

여러분이 디자인에 일가견이 있다고 상상해 보세요. 어떤 모양이 무엇으로 변할 수 있을지, 어떤 색이 조화로울지 재미난 아이디어가 마구 샘솟는 사람이라고요. 그런데 이런 것에 아무도 신경 쓰지 않는 직업을 가졌다고 생각해 보세요. 자신의 능력이 쓸모없게 느껴질 거예요. 스스로 별 볼 일 없고, 있으나 마나 한 존재로 느껴질지도 몰라요. 아무리 연봉이 많더라도 매일매일 속상한 하루가 계속될 거예요.

재능은 우연히 주어지는 것이 아니라 뇌가 작동하는 독특한 방

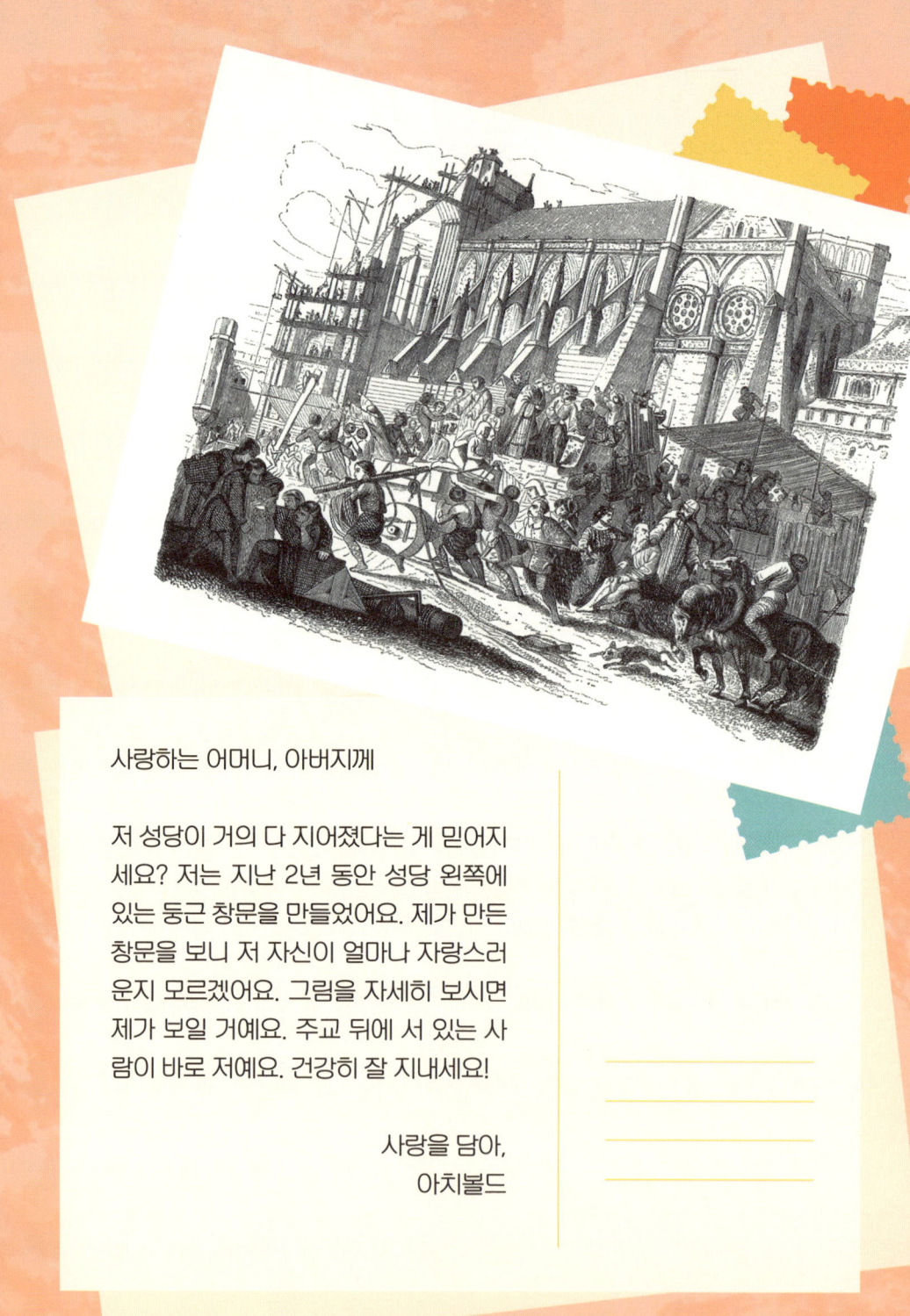

사랑하는 어머니, 아버지께

저 성당이 거의 다 지어졌다는 게 믿어지세요? 저는 지난 2년 동안 성당 왼쪽에 있는 둥근 창문을 만들었어요. 제가 만든 창문을 보니 저 자신이 얼마나 자랑스러운지 모르겠어요. 그림을 자세히 보시면 제가 보일 거예요. 주교 뒤에 서 있는 사람이 바로 저예요. 건강히 잘 지내세요!

사랑을 담아,
아치볼드

식과 연결되어 있어요. 그래서 한 사람 한 사람을 다르고 특별하게 만들지요. 자신이 가진 재능의 원천을 파악하는 것은 좋은 직업을 찾는 비결이에요.

　세상 모든 사람에게 좋은 직업이 무엇인지는 알 수 없어요. 좋은 직업은 자신의 재능과 세상이 필요로 하는 것이 얼마나 딱 맞아떨어지느냐에 달려 있어요. 그러니 이제부터 해야 할 일은 '대체로' 좋은 직업이 무엇인지 따지지 말고 '나에게' 좋은 직업이 무엇일지 고민해 보는 거예요. 즉, 나만의 취향, 재능, 관심사가 무엇인지 파악해야 해요.

성취감을 주는 일

　여러분이 아주 먼 옛날, 성당을 짓는데 동원된 유럽인이라고 상상해 보세요. 성당을 세우려면 수백 명이 꽤 오랜 시간 동안 쉬지 않고 일해야 해요. 동원된 사람들은 수년 동안 지붕 만드는 일을 돕거나 창문 하나를 디자인하고 만들었을 거예요. 자신이 맡은 일이 아주 작은 부분에 불과해도 얼마나 중요한지 알고 있어요. 추위에 손이 꽁꽁 얼고 피곤한 얼굴이 먼지투성이가 되도록 오랫동안 기울인 모든 노력이 웅장한 성당이라는 결과물로 나타나기 때문이지요. 완성된 성당을 방문해 사람들이 감탄하는 모습을 보며, 스스로 해낸 일에 자부심과 성취감을 느낄 거예요. 그 일이 아무리 작은 부분에 불과해도 말이지요.

　일을 할 때는 이런 느낌이 아주 중요해요. 선생님은 스스로 처음

책을 읽기 시작한 학생을 보면서 뿌듯함을 느낄 거예요. 서핑보드를 만드는 사람은 서핑 대회 우승자가 자신이 만든 장비를 선택할 때 보람을 느낄 거예요. 발명가는 자신이 발명한 놀이기구를 타고 신나게 노는 아이들의 모습을 볼 때 자부심을 느낄 테고요.

직업의 세계에서 꼭 필요한 요소는 자신이 한 일을 한 걸음 물러서서 바라보며 뿌듯해하는 감정이에요. 아무리 작은 일이더라도 세상에 영향을 끼쳤다는 자부심, 처음 시작했을 때보다 더 나은 결과물을 완성했다는 느낌이에요.

제가 여러분에게 어떤 직업이 딱 맞을지 콕 집어서 알려 줄 수는 없어요. 하지만 여러분 스스로 앞에서 점검한 내용을 통해, 어떤 일을 해야 즐거울지 종합적으로 판단해 볼 수 있을 거라고 생각해요.

좋은 직업이란 무엇일까?

좋은 직업이란, 사람들이 조금이라도 덜 불행해지고 더 설레고 즐거워하도록 도우며, 나 자신에게 중요하고, 특별한 재능과 능력을 사용하는 일이에요. 좋은 직업을 가진다면, 자신이 쏟은 노력이 다른 사람의 삶에 조금이라도 긍정적인 변화를 불러왔다는 사실을 깨닫고 뿌듯함을 느낄 수 있을 거예요.

JOB PROFILE #17

서핑보드 제작자

파도 타는 것을 좋아하고 손재주가 있나요? 이 직업은 야외 활동을 사랑하는 마음과 목재를 다루는 기술적 재능, 그리고 아름다운 것을 알아보는 눈을 갖추고 있어야 해요.

WHAT CAN I DO WHEN I GROW UP?

제12장

내가 즐거워하는 것들

What do you really enjoy?

어른들은 종종 일이 잘 풀리면 재미가 줄어든다는 이상한 생각을 해요. 일은 원래 고통스러운 거라면서 말이죠. 언뜻 '그런가?' 싶을 수도 있지만, 이것은 굉장히 잘못된 생각이에요.

  일을 정말 잘하는 사람들을 보면 대부분 꽤 즐기면서 일해요. 사실, 일을 즐기지 않으면 잘할 수 없어요. 즐겨야만 자신의 에너지와 재능을 모두 쏟아부을 수 있으니까요. 부모님이나 직장 상사같이 다른 사람을 위해 의무적으로 하는 일은 좋아서 하는 일만큼 성취감이 크지 않아요.

  어른이 되어 직업을 가지면 매일매일 즐겁다고 말할 순 없지만, 대체로 꽤 재미있어요. 먹고사는 일이 꼭 힘들기만 한 것은 아니랍니다. 즐거움을 진지하게 생각해 봐요. 좋은 직장 생활에는 즐거움이 필수예요. 이 말이 의아하게 들리나요? 학교에서는 재미에 대해 생각할 겨를이 별로 없고, 공부와 성적표는 재미와 거리가 멀어요. 운이 나쁜 날에는 고통스럽기도 하고요. 그런데 어른이 된 후 일하는 능력은 자신이 무엇에서 즐거움을 느끼는지 잘 파악하고 그에 맞는 직업을 찾아내는 감각에 달려 있어요.

그렇다면, 이 책을 읽는 내내 맴도는 문제로 다시 돌아가게 되는군요. 바로 '도대체 내가 좋아하는 것은 무엇일까?' 하는 문제 말이에요. 사실, 그 답을 제대로 말할 수 있는 사람은 별로 없어요. 자신이 무엇을 재미있다고 느끼는지 자세하게 설명하는 것은 아주 어려워요. 영화를 엄청 재미있게 봤는데 왜 재미있냐는 질문을 받아본 적이 있다면 어떤 느낌인지 알 거예요. 사람은 보통 재미난 이유를 이해하는 것보다 재미를 느끼는 데 더 익숙하거든요. 한 걸음 물러서서 즐거운 감정이 어떻게 생겼는지 확실히 알아채는 데는 시간이 걸리지요.

하지만 시간이 좀 걸려도 그런 감정을 파악할 수만 있다면 다음 단계로 나아갈 수 있어요. 사실 자신이 무엇을 좋아하는지 이해하려고 애쓰는 것 말고는 달리 선택지가 없어요. 우리는 재미에 관해 진지해질 필요가 있어요.

JOB PROFILE #18

철도 물류 엔지니어

질서와 기술, 시간을 잘 맞추는 것을 좋아한다면, 철도 물류 분야로 방향을 잡는 것도 좋을 거예요.

 활동#10 내가 진짜 좋아하는 것을 발견하는 방법

먼저 심호흡을 하고, 여러분이 재미를 느끼는 것을 모두 종이에 적는 것부터 시작해요. 스노클링, 달리기, 카드놀이, 음악 감상, 창문 블라인드 틈새로 스며드는 햇빛 바라보기, 상상의 세계 그리기, 해적처럼 꾸며 입기, 접시 쌓기, 동생과 놀기, 할머니랑 조용히 대화하기 등 무엇이든 괜찮아요. 이상하거나 하찮게 들릴까 봐, 또는 나만 좋아하는 일일까 봐 걱정하지 마세요. 예를 들어, 식탁 멋지게 차리기, 찬장 청소하기, 다른 곳에 사는 상상하기, 라면 끓이기, 동물 그림 그리기 같은 일도 괜찮아요. 자신이 정말 즐거움을 느끼는 것, 바로 그것을 적어 보세요.

그다음에는 평범하지 않지만 아주 중요한 질문을 해 보세요. "왜 나는 이것을 좋아할까?" 다시 말해, 자신의 즐거움을 더 깊이 파고들어 보세요. 좋아하는 것을 좋아한다고 말로만 하지 말고, 좋아하는 이유를 찾아보세요.

일단 왼쪽 줄에는 자신이 찾은 즐거움을 적어요. 집중해야 할 부분은 즐거움의 실체가 담긴 오른쪽 줄이에요. 내가 재미를 느끼는 본질은 바로 오른쪽에 있어요.

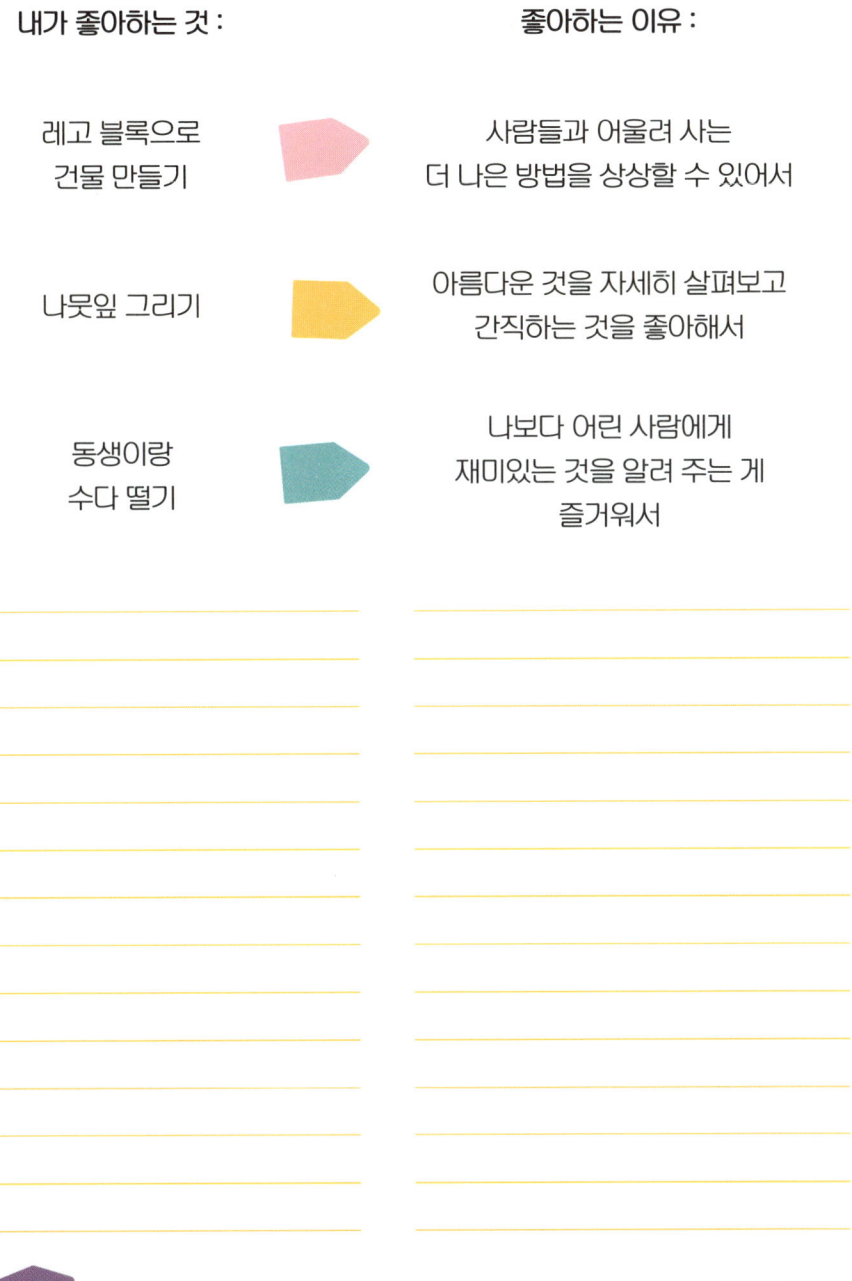

내가 좋아하는 것 : 좋아하는 이유 :

레고 블록으로 건물 만들기 — 사람들과 어울려 사는 더 나은 방법을 상상할 수 있어서

나뭇잎 그리기 — 아름다운 것을 자세히 살펴보고 간직하는 것을 좋아해서

동생이랑 수다 떨기 — 나보다 어린 사람에게 재미있는 것을 알려 주는 게 즐거워서

즐거움은 생각보다 많은 곳에 존재해요. 어린 시절에 했던 놀이에도, 어른이 된 뒤에 하는 먹고사는 일에도 존재하지요. 어른들이 직장에서 하는 일이 어린 시절의 놀이와 똑같다는 말이 아니라, 그 속에 담긴 즐거움의 실체가 같을 수 있다는 의미예요. 예를 들어, 사람들이 더 잘 사는 방법을 상상하는 즐거움은 어른의 직업인 정치에도, 레고 블록으로 집을 짓는 아이의 놀이에도 똑같이 존재해요. 이런 즐거움을 레고 블록을 갖고 놀 때 처음 발견했다고 해서 그 놀이 안에만 갇혀 있어야 하는 것은 아니에요.

그런데 어른들은 가끔 글자 그대로 받아들여서 즐거움의 다른 의미를 찾지 못해요. 레고 블록을 가지고 즐겁게 노는 아이를 보고는 곧바로 건축가로 키워야겠다고 생각하는 식이지요. 하지만 즐거움을 좀 더 깊이 들여다보면, 레고 블록을 잘 갖고 노는 아이는 계획 짜기와 관련된 일을 좋아한다는 사실을 알게 될 거예요. 그렇다면 정부 행정관, 군수 물자 담당, 엔지니어, 또는 기차 노선 설계자 같은 직업을 고를 수도 있겠지요.

이제 여러분이 어린 시절 누린 즐거움이 훗날 일터에서 느낄 즐거움과 같은 종류일 가능성이 크다는 것을 알았을 거예요. 앞으로 얼마나 오랫동안 얼마나 많은 지식을 쌓든, 겉모습이 얼마나 달라지든 (키가 크고, 주름이 늘고, 훨씬 더 진지해지더라도) 미래의 여러분은 지금의 여러분과 거의 똑같을 거예요. 그렇기 때문에 여러분이 커서 무슨 일을 할지에 대한 답은 지금 여러분이 좋아하는 일에 이미 존재한다고 생각하면 돼요.

다만, 현재와 미래를 잇는 다리를 놓을 때, 지금 좋아하는 것의 '어른 버전'을 찾지 마세요. 다시 말해, 과자를 좋아한다고 해서 과자 공장을 운영하거나, 축구를 좋아한다고 해서 축구 선수가 되겠다고 결심할 필요는 없다는 말이에요.

대신 어른이 되어 직업을 찾을 때 진지하게 고려해야 할 한 가지가 있다면, 바로 어린 시절 무엇을 할 때 즐거움을 느꼈는가 하는 거예요. 만약 지루하고 공허한 직장 생활로 괴로워하는 어른이 있다면 이렇게 물어봐 주세요. "어렸을 때 무엇을 좋아했나요?" 그 대답 속에 앞으로 어떻게 해야 할지 생각할 수 있는 단서가 가득 들어 있어요.

세상에는 수백 수천 가지 직업이 있어요. 여기서 즐거움을 기준으로 직업의 범위를 걸러 내면, 자신에게 적합한 일자리를 찾기가 좀 더 수월해질 거예요. 살면서 느낄 수 있는 큰 즐거움은 열두 가지쯤 있어요. 이 열두 가지 즐거움은 지금 여러분이 좋아하는 것들에 이미 녹아 있어요.

다음에 소개된 설명을 살펴보며 자신에게 꼭 맞는 즐거움이 있는지 한번 찾아보세요. 만약 자신과 딱 들어맞는 즐거움을 찾는다면, 어른이 되어서 어떤 일을 하고 싶은지 좀 더 쉽게 결정할 수 있게 될 거예요.

돈벌이의 즐거움

어렸을 때 쿠키를 만들어 벼룩시장이나 중고 거래에 파는 것을 좋아했다. 꼭 돈을 벌어서라기보다는 내가 만든 것을 사람들이 좋아하고, 소중한 물건이나 돈을 기꺼이 내고 내 쿠키를 사는 모습을 보는 게 짜릿했다. 또 쿠키에 다양한 색을 입힌 뒤, 어떤 색 쿠키가 잘 팔리고 어떤 색이 잘 안 팔리는지 관찰하는 것도 재미있었다.

돈 자체에 매력을 느낀 게 아니다. 다른 사람들을 관찰하고 이해한 대가로 돈을 받는 게 신기했다.

10점

아름다움의 즐거움

10점

나는 집을 예쁘게 꾸미고 정돈하는 일이 정말 좋다.

초록색 바탕에 빨간색 사각형이 한가운데 한 줄로 쭉 늘어선 모양의 손목줄이 참 예뻐서 아끼는 손목시계가 있다.

나는 부모님 생일 선물을 정성 들여 포장하길 좋아한다. 포장지 끝이 깔끔하게 접히지 않으면 신경 쓰인다.

친구의 오토바이는 바퀴 크기가 특이해서 참 부럽다. 그 오토바이는 정말 개성 넘친다.

학교 숙제를 할 때, 제목에 밑줄을 긋는 게 신경 쓰인다. 한번은 물결선을 그었고, 다음에는 자를 대고 그었다. 나는 밑줄의 굵기에도 집착한다. 가끔씩 제목을 마음에 들게 쓰느라 시간을 쏟은 나머지, 정작 글을 쓸 시간이 부족할 때도 있다.

두 건물이 줄 맞춰 나란히 서 있지 않아 도로에서 그곳만 눈에 띈다. '누군가 신경 썼더라면 좋았을걸.' 하는 생각이 들고, 건물 하나만 불쑥 튀어나온 게 영 거슬린다. 과거로 돌아갈 수만 있다면 건물을 똑바로 짓고 싶은 심정이다.

창작의 즐거움

나는 레고 블록을 바닥에 와르르 쏟아 놓고 노는 걸 좋아한다. 흩어진 레고 블록 속에서 엄청난 것이 만들어질 무한한 가능성을 사랑한다.

나는 택배 상자를 좋아한다. 세탁기가 상자에 담겨 왔던 날이 아직도 기억난다. 상자가 어찌나 큰지 그 안에 들어가 살고 싶을 정도였다. 그래서 상자를 잘라 창문과 지붕을 만들고, 상자 안에 담요와 베개를 들여오고 초콜릿으로 가득 채웠다.

즐겨 듣는 노래가 살짝 달랐으면 좋겠다고 바랄 때가 있다. 특히 내가 좋아하는 부분을 반복시키거나, 마지막에 고음으로 끝내기보다는 저음으로 끝내면 어떨까 하는 생각이 든다. 이미 좋은 노래이지만, 가끔은 노래를 이리저리 바꾸고 싶다.

잠들기 전에 내가 가장 좋아하는 이야기 속 주인공에게 다른 일이 일어나는 장면을 상상한다. 주인공이 기차를 놓치지 않았다면 어떻게 됐을까? 훨씬 더 흥미로운 모험을 했을까?

이해하는 즐거움

내가 질문을 하도 많이 해서 부모님은 괴로운가 보다. 새는 왜 하필 다른 이름이 아니라 '새'라고 불릴까? 침팬지가 면도하면 어떻게 보일까? 다른 행성에도 밤낮이 있을까? 나는 무슨 일이든 타당한 이유가 있어야 한다고 생각한다.

왜 전원을 꽂으면 헤어드라이어가 작동하는지 아빠가 모른다는 데 충격을 받았다. 어떻게 벽에 뚫린 구멍이 이 전자기기를 돌아가게 하는 것일까?

한 친구는 질투가 나서 언니한테 못되게 굴었다고 말했다. 다른 사람에게 화를 내는 이유가 질투심 때문일 수도 있다는 것을 이해하게 되어 기뻤다.

학교에서 수학 선생님이 왜 이런 방식으로 그 문제를 풀어야 하는지 설명해 주지 않고, 그냥 그렇게 풀면 된다고 하는 게 정말 싫다. 속는 기분이다.

그렇게 행동하는 이유에 대해 여러 가지 설명이 가능한데도 사람들은 관심이 없는 듯하다. 나는 이미 들은 얘기들 말고 더 많은 것을 알고 싶다.

주목받는 즐거움

어른들이 내 의견을 물어보는 게 좋다. 가끔 나도 내 의견이 뭔지 잘 모를 때가 있어 좀 당황스럽기도 하지만, 어쨌든 어느 상황에서도 내 의견을 꼭 가지고 싶다.

내가 관심 받고 있는지, 동생보다 더 관심 받고 있는지 확인하고 싶다.

사람들이 내 말을 안 듣고 있으면 짜증이 난다. 사람들이 나에게 집중하면 좋겠다.

내가 어떤 일을 했을 때, 특히 내가 정말 좋아하는 것을 잘 해냈을 때, 그 사실을 사람들이 똑똑히 알아주기를 바란다.

학교에서 연극 시간에 다른 등장인물을 연기하면, 나 자신이 좀 더 확장되는 느낌이 들어서 행복하다.

기술의 즐거움

이모가 드라이버 세트를 주셨는데, 아주 작은 것부터 특대형까지 크기가 다양했다. 거의 사용하지 않지만, 드라이버마다 조금씩 다른 문제를 해결하도록 디자인된 점이 마음에 든다. 슬프게도 모든 드라이버를 써 볼 만큼 자주 문제가 일어나지 않지만 말이다. 그런데 어제 부엌 찬장 문에 달린 경첩에 문제가 생겨서 엄마가 "네 드라이버 세트는 어디 있니?"라고 물었다. 나는 그중에서 크기가 딱 맞는 3밀리미터짜리 드라이버를 찾아 건넸다. 경첩의 나사와 드라이버가 딱 맞아떨어지는데 엄청 기분이 좋았다.

자동차에 관심이 가기 시작했다. 어렸을 때는 대수롭지 않게 여겼지만, 지금은 자동차가 거대한 기계로 여겨진다. 금속 상자같이 생긴 것이 다이얼을 돌리고 버튼만 누르면 작은 화면이 켜지고 창문이 열린다는 게 정말 놀랍다. 배기관과 라디에이터 그릴*에 관심이 쏠린다면, 기계에 욕심이 생겼다는 신호다.

나는 사람들이 미래를 제트팩**과 연결 짓는 게 싫다. 미래는 그보다 훨씬 더 재미있을 테니까!

---

* 자동차 라디에이터를 냉각하는 데 필요한 공기를 들여보내는 통풍구.
** 사람의 몸에 엔진을 부착하여 비행하는 1인용 장비.

남을 돕는 즐거움

나는 친구들과 놀 때 구출 놀이 하는 것을 정말 좋아한다. 예를 들어, 어떤 사람이 피라냐한테 잡아먹힐 뻔했는데 내가 제때 그를 뗏목 위로 (사실은 소파지만) 끌어 올리는 식의 이야기 말이다.

친구들이 나에게 고민을 털어놓을 때면 내가 괜찮은 사람이 된 것 같아 뿌듯하다. 내가 어떻게 해 줘야 할지 모를 때가 더 많지만, 친구들의 기분이 조금이라도 나아지도록 위로가 되는 말을 해 주려고 애쓴다.

아빠가 가끔 자동차 열쇠를 잃어버린 줄 알고 야단법석일 때, 나는 "잘 생각해 보세요, 어제 저녁 집에 와서 무슨 일을 하셨어요?" 하고 진정시켜 드리는 역할을 좋아한다. 한번은 화장실에서 자동차 열쇠가 나온 적도 있다.

10점

앞장서는 즐거움

나는 단지 리더 자리를 차지하고 싶은 게 아니다. 진짜로 리더다운 존재이고 싶다. (그 차이는 어릴 때부터 일찌감치 알았다.)

많은 학생이 학교에서 팀의 대표로 뽑히고 싶어 하지만, 사실 대표 자리를 원할 뿐, 책임을 좋아하는 것은 아니라고 생각한다.

내가 원하는 것은 생각을 실행에 옮길 기회, 역할, 그런 직업이다.

다른 사람들이 나에게 조언을 구하는 게 좋다. 나는 머릿속에 떠오르는 얘기를 하는 게 아니라, 그들의 문제를 해결해 주고 싶다. 사람들이 내 판단을 믿었으면 좋겠다.

부하들의 목숨을 구하기 위해 항복한 장군의 이야기를 읽은 적이 있다. 비록 전쟁에서 이기지는 못했지만 그 장군이야말로 진정한 리더라고 생각한다.

다른 사람들이 당황해서 우왕좌왕할 때 나는 더욱 문제에 집중한다. 이런 나 자신이 좋다.

가르치는 즐거움

누군가 실수하면 바로잡도록 도와주고 싶다.

내가 좋아하는 선생님이 있는데, 그 선생님은 내가 수업 시간에 얼마나 집중하고 열심히 노력하는지 알고 계신다.

내가 알고 있는 지식을 다른 사람에게 알려 주는 느낌이 짜릿하다. 다른 사람이 어리둥절하고 몰라서 느끼는 답답한 감정을 신기함과 자신감으로 바꿔 주는 것을 좋아한다.

'가르침'을 전할 때는 조심해야 한다는 것을 잘 안다. 사람들은 무시당하는 느낌을 싫어하기 때문이다. 나는 구멍 난 지식을 메워 주는 일을 좋아할 뿐이다.

질서의 즐거움

나는 숙제할 때 글씨를 깨끗하게 쓴다. 틀린 글자를 지울 때는 자국이 남지 않도록 조심스레 지운다. 지울 수 없는 펜으로 쓰다가 틀리는 건 최악이다. 한 번은 잘못 쓴 글씨 위에 종잇조각을 덧붙여서 전체가 깨끗하게 보이도록 한 적도 있다.

숟가락과 포크, 나이프 넣는 칸이 나뉘어진 서랍을 좋아한다. 모든 것에 정해진 자리가 있다는 것이 마음에 든다. 동생이 숟가락을 포크 칸에 넣으면 신경이 거슬린다.

과학을 잘하는 편이 아닌데도 이상하게 주기율표에 마음이 끌린다. 성분별로 깔끔하게 분류되어 있어서 보기 좋다.

색연필을 색조에 따라 정리하기를 좋아한다. 그런데 늘 고민에 빠진다. 분홍색을 빨간색 쪽에 가까이 놓아야 할지, 보라색 쪽에 가까이 놓아야 할지 망설여진다.

사람들이 "아, 내가 얘기한다는 걸 깜빡했네." 하면서 두서없이 말할 때 슬슬 짜증이 난다.

자연의 즐거움

창문이 닫혀 있으면 답답해서 참을 수 없다.

무릎을 꿇고 손으로 땅바닥을 짚은 뒤 고슴도치나 달팽이를 자세히 들여다보는 것이 좋다. 작은 생명체의 삶을 상상하는 것은 다른 사람의 인생을 상상하는 것만큼이나 재미있다.

날씨가 흐린 날, 캠핑 가기를 좋아한다. 폭풍우 속에서 텐트를 치는 것은 짜릿한 도전이다.

시골길을 한참 걷는데 비가 오기 시작했다. 모두 투덜거렸지만, 나는 아무렇지도 않았다. 웃옷에 달린 모자를 뒤집어썼는데, 코로 떨어지는 빗방울의 느낌이 상쾌했다.

자연 다큐멘터리를 보면 복잡한 마음이 든다. 다큐멘터리가 흥미롭긴 하지만, 얌전히 소파에 앉아 화면만 보고 싶진 않다. 세렝게티 평원의 늪을 걷거나 갈라파고스 제도의 바위를 기어오르고 싶다. 진흙에 무릎까지 빠지고 손가락이 긁혀도 괜찮다.

독립의 즐거움

다들 자고 있을 때 일찍 일어나서 조용히 나만의 일을 할 수 있는 평화로운 시간을 좋아한다.

나에게 성장이란, 나에게 이래라저래라 하는 사람들에게서 벗어나는 것이다.

혼자 있는 게 좋다. 혼자여도 지루함을 거의 느끼지 않는다.

때때로 단체 행동에 어울리지 못한다는 비난을 받는다. 솔직히 어느 정도 맞는 말이다.

은행에서 퇴사한 뒤 아프리카에서 카펫 수입 회사를 차린 남자의 이야기를 읽고 매우 흥분되었다.

앞에 나온 내용 가운데 "내 얘기야!" 또는 "나도 그런 기분 알아!"라고 생각한 경우가 있나요? 이러한 즐거움은 어린 시절에도, 어른이 되어서도 느낄 수 있다는 사실을 기억하세요. 여러분이 지금 재미를 느끼는 바로 그것이 어른이 되어서 직장 생활의 일부가 될 수 있어요.

▶ '질서의 즐거움'을 느꼈다면,
회계사 또는 물류 관리사가 잘 맞을 수 있어요.

▶ '남을 돕는 즐거움'을 느꼈다면,
노인 요양 시설을 운영하거나
심리 치료사가 될 수 있어요.

▶ '주목받는 즐거움'을 느꼈다면,
기업 경영자가 되거나
광고업계에서 직업을 찾을 수 있어요.

앞에 나온 즐거움의 종류를 훑어보면서 자신이 어떤 즐거움을 얼마나 좋아하는지, 자신에게 딱 맞겠다는 느낌이 얼마나 드는지 점수를 적어 보세요. 어른이 되어서 선택한 직업이 자신과 맞지 않는다는 생각이 들 때, 다시 이 책을 펼치고 여러분이 적은 것을 읽어 보세요. 그다음에 어떻게 해야 할지 알려주는 지도가 되어 줄지도 몰라요.

여러분 중 많은 사람들이 직업의 세계에 대한 설명을 충분히 듣지 못해서 어른이 되면 우주 비행사나 축구 선수, 팝스타가 되어야 한다고 생각해요. 신나기도 하지만 절망스럽기도 하죠. 이런 직업은 쉽게 가질 수 없다는 사실을 우리 모두 뻔히 알고 있으니까요.

솔직히 여러분이 우주 비행사나 축구 국가대표 선수, 팝스타가 될 가능성은 거의 희박해요. 그렇다고 재미없게 살 거라는 뜻은 아니에요. 어린 시절의 즐거움을 계속 느낄 수만 있다면, 어떤 직업을 갖든 인생은 상상하는 것보다 훨씬 더 흥미롭고 즐거울 수 있거든요.

WHAT CAN I DO
WHEN I GROW UP?

제13장

직장과 학교의
공통점과 차이점

How is work like school?

선생님들이 입이 닳도록 강조하는 것이 하나 있어요. 공부를 열심히 하고 학교생활 잘하는 사람은 어른이 되어서도 잘 살 거라고요. 반대로 빈둥거리고 공부를 안 한 사람은 평생 동안 고통 받고요. 이 말이 사실이라면, 100점만 받으면 좋은 삶을 살 준비를 착실히 하는 것이고, 시험을 망치고 매번 숙제를 늦게 내는 것은 인생을 망치는 지름길이 되겠지요.

학교와 직장은 공통점이 많아요. 매일 가야 하고, 가기 싫다고 해서 무작정 그만둘 수 있는 곳이 아니에요. 또 대표가 있고 규칙도 많지요. 그러니 학교에서 잘 지내는 방법을 아는 사람은 아마 직장에서도 잘 지낼 거예요. 게다가 많은 직장이 여러분의 학교생활에 신경을 써요. 이력서를 내고 왜 그 회사에서 일하고 싶은지 구구절절 설명하는 동안, 면접관은 여러분의 학창 시절 기록부를 가장 먼저 보는 경우가 많아요. 이런 점을 생각하면 선생님 말씀이 설득력 있게 들리긴 하는군요.

하지만 이건 그렇게 간단한 문제가 아니에요. 가끔은 상도 타고 교장 선생님과 친하게 지내는 완벽한 학생이었지만, 직장 생활에는 소질이 없는 사람도 있거든요. 또는 한때 선생님 마음에 쏙 드는 잘 나가는 모범생이었지만, 어른이 되어서는 자기 직업에 영 만족하지 못해 하루에도 몇 번씩 다른 회사 채용 사이트를 들락날락거릴 수도 있어요. 반대 경우도 있고요.

매번 숙제를 늦게 내고 수업이 지루하다고 투덜댔던 사람이 직장에서는 놀라운 성과를 낼 수도 있어요. 이런 사람들이 식단을 획기적으로 바꾼 건강 패스트푸드 사업을 시작하거나, 인기 많은 텔레비전 프로그램을 기획하거나, 차세대 컴퓨터를 만들어 팔아서 엄청난 돈을 벌 수도 있어요. 이런 사람들에게 고등학교 시절 수학 시험을 몇 점 받았는지, 대학교에 몇 등으로 들어갔는지 물어보는 사람은 없어요.

도대체 왜 이런 결과가 나타나는 걸까요? 과연 학교생활은 어른이 되어 성공하는 데 정말 중요할까요? 아니면 학교에서 이룬 성과는 미래의 성공과 아무런 관련이 없을까요?

학교는 직장 생활에 재능이 있거나 경험이 많은 사람들이 설계한 곳이 아니에요. 많은 선생님들이 정치, 경영, 과학 분야에 대해 잘 몰라요. 물론 선생님들도 자신의 분야에서는 분명 뛰어난 분들이에요. 하지만 여러분을 넓은 세상에 내보낼 준비를 시켜야 하는 선생님들도 아직 세상을 충분히 경험하지 못한 건 마찬가지예요.

학교는 여러분에게 꼭 필요한 것들을 가르치기도 하지만, 동시에 나쁜 습관이나 생각을 가르치기도 해요. 이런 나쁜 습관과 생각에는 어떤 것들이 있을까요?

JOB PROFILE #19

기술 사업가

기술 사업가는 문제를 발견해서 기술적인 해결책을 제공하는 직업이에요. 정말 운이 좋다면 전설적인 기업으로 성장할 수 있어요.

언제나 정답은 있다?

학교에서는 보통 이미 잘 알려져 있는 내용을 가르쳐요. 선생님이 설명한 내용을 반복해서 공부하면 좋은 점수를 받을 수 있지요. 학교는 일반적으로 학생들이 특별히 독창적이기를 바라는 대신 제2차 세계대전 때 일어난 일, 구름이 생기는 이유, 2차 방정식을 푸는 방법처럼 수업 시간에 배운 내용을 반복하기를 원해요.

하지만 직장에서는 아직 아무도 풀지 못한 질문을 만날 때가 많아요. 회의 시간에 한 팀원이 "서울에 사무실을 내야 할까요?"라고 물을 수 있어요. 이것은 '구름이 만들어지는 세 가지 경우를 쓰시오.' 같은 답이 뻔한 시험 문제와는 차원이 다른 질문이에요.

직장에서는 참고할 교과 과정은 따로 없고, 찾아볼 자료는 엄청나게 많고, 똑같은 일을 먼저 경험한 사람은 없기 때문에 스스로 영리하게 추측하고 빠르게 결단을 내려야 해요. "우리 부서에 어떤 사람을 고용해야 할까요?" 같은 질문을 받았을 때, 여기에 옳거나 틀린 대답은 없어요. 도무지 감을 잡을 수 없는 애매한 상황에서 스스로 판단해야 할 문제죠.

하지만 학교에서는 이렇게 정답이 없는 상황을 슬기롭게 헤쳐 나갈 방법을 가르쳐 주지 않아요. 그래서 선생님이 원하는 '정답'을 잘 맞혀서 100점만 받았던 학생이 직장에서는 심각한 어려움에 빠질 수도 있는 거예요.

규칙을 지켜라?

학교에서는 학생들에게 어른들 말을 잘 들으라고 가르쳐요. 그래서 규칙을 어기지 않는 아이를 '훌륭한 학생'이라고 부르지요. 학생들이 독립적이고 자유롭게 생각하기를 바란다고 주장하는 학교도 있지만, 깊이 파고들면 진실이 아닌 경우가 많아요. 만약 학생 400명이 각자 스스로 생각하기 시작한다면 학교는 난장판이 되어 버릴지도 몰라요.

하지만 인생이라는 넓은 고속도로에서는 규칙을 깨고, 전례를 무시하고, 전통을 뒤집고, 충격적이거나 놀라운 선택을 해야 하는 경우가 많아요. 그러려면 단단한 내면의 힘이 많이 필요해요. 하지만 역설적으로 이런 내면의 힘은 역사 선생님이나 영어 선생님에게는 별로 환영받지 못할 때가 많지요.

일이 재미있을 리 없다?

학교에서는 너무 재미를 기대하지 말고 지루함을 참으며 고통을 견디다 보면 그 보답으로 능력을 얻을 수 있다고 말해요. 능력이 있으면 어른이 되었을 때 굉장히 편해져요. 하지만 직업의 세계를 잘 헤쳐 나가려면 자신의 열정을 이해하고 따를 수 있어야 해요.

열정을 가지고 일하는 쪽이 의무감만으로 일하는 것보다 훨씬 더 즐겁고 좋은 결과를 얻을 수 있기도 해요. 경쟁 세계에서는 나만큼, 어쩌면 나보다 더 많은 열정을 가진 사람과 맞서게 될 수도 있어요.

예를 들어, 만약 B2C 사업을 한다면 고객의 입장에서 생각할 줄 알아야 해요. 즉, 자신의 직감으로 무엇이 재미있고 세련되고 아름답고 좋은지 알아채야 해요. 직장에서 일을 잘하려면 다음과 같이 특별한 질문을 해야 해요.

'나는 무엇이 재미있을까?'

자기 자신을 주인공으로 그림을 그려 보세요. 자신의 쾌락 중추를 막은 채 '선생님의 즐거움'에 나를 맞추는 것은 바람직하지 않아요.

대인 관계 능력은 중요하지 않다?

불편한 진실이긴 하지만, 다른 사람과 잘 지내지 못하는 사람도 학교생활은 잘할 수 있어요. 반 친구들이 여러분을 심술궂고 짜증나는 골칫덩이로 여기는 것과 각종 대회에서 상을 휩쓸고 시험에서 전 과목 100점을 받는 건 다른 얘기잖아요. 어른들이 말하는 '대인 관계 능력'이 없어도 학교는 성공적으로 졸업할 수 있어요.

하지만 직장에서는 대인 관계 능력이 꼭 필요해요. 다른 사람들의 요구를 신경질적으로 받아들이지 않고, 고객과 동료를 즐겁게 대하고, 싫어하는 사람에게도 적당히 친절하게 대할 줄 알고, 주변 사람들이 무슨 걱정을 하는지 기분 상하지 않도록 조심스레 파악하고, 자신이 잘못한 것을 솔직하게 인정할 줄 알아야 직장에서 살아남을 수 있어요.

학생은 열심히 배우기만 하면 충분하다?

학교는 훌륭한 학생이 되는 기술을 가르쳐요. 여기서 훌륭한 학생이란 어른의 말을 잘 따르고 다른 사람의 의견을 경청하는 사람을 뜻해요. 그런데 어른의 삶에서는 훨씬 더 어려운 일을 해내야 해요. '좋은 선생님'이 되어야 하지요. 글자 그대로 선생님이 되라는 뜻은 아니지만 고객, 동료, 상사를 비롯한 다른 사람들을 끊임없이 '가르쳐야' 해요. 가르칠 내용은 삼각함수나 헨리 8세가 통치할 당시의 영국 같은 지식이 아니라, '왜 이 샴푸가 머리카락과 환경에 더 좋은가?', '왜 화요일 아침에 예산 회의를 다시 해야 하는가?' 같은 내용에 가까워요.

잘 가르치기 위해서는 좋은 선생님이 가진 다양한 기술을 활용할 줄 알아야 해요. 친절과 권위, 매력과 공손함, 상대방의 관점을 이해하지 못한 사람에게도 공감하는 능력과 가끔 농담을 버무려 부드럽게 구슬리는 능력 말이에요.

 학교에서 가르쳐 주는 것들	 직장 생활을 위해 필요한 것들
영어, 수학, 역사, 물리학처럼 직업과 직접적으로 관련된 지식과 기술	답이 명확하지 않을 때 지혜로운 해결책을 생각하고 신속히 대응하는 방법
직장 생활에서도 필요한 근면, 노력, 인내 같은 능력	규칙을 어기고, 전통을 뒤집고, 혁신적인 결정을 내리기에 적당한 타이밍을 알아채는 능력
권위자(선생님이나 어른)를 공경할 줄 아는 태도	다른 사람의 요구를 예리하게 파악하고 자신의 잘못을 인정하는 등 대인 관계를 관리하는 능력
시간을 지키고, 정돈하고, 마감일까지 일을 끝낼 수 있는 능력	자신이 좋아하는 것을 알고 그것을 직업으로 삼을 줄 아는 능력
옷을 단정하게 입고, 신발을 똑바로 신고, 머리를 정돈하는 정성	좋은 선생님 되기

역설적이지만, 가르치는 기술이야말로 학교에서 가장 잘 알려 줄 수 있는 기술인데 아무도 알려 주지 않아요. 대신 우리에게 엉뚱한 걸 시키죠. 가장 좋아하는 선생님을 한 명 골라 연구하고 똑같이 따라 하라고요!

그렇다고 학교에서 가르쳐 주는 것들이 전부 터무니없으니 무시해도 된다는 뜻은 아니에요. 새로운 생각과 기술, 근면, 노력과 인내, 어른에 대한 존중, 주위를 정돈하고 시간을 지키는 능력 같은 것들은 학창 시절에만 배울 수 있는 중요한 덕목이에요.

잘 살기 위해서는 두 가지 까다로운 조건이 필요해요. 학교에서 열심히 공부하는 학생이 될 것. 그리고 학교가 모든 것을 가르쳐 주지는 않으며, 직장에서는 선생님이 한 번도 알려 주지 않은 일을 요구할지도 모른다는 사실을 깨우칠 것. 일할 때 필요한 것은 의무와 복종보다는 놀이와 반항에 가까워요. 균형 잡기가 쉽지는 않겠지만, 여러분이 잘 해낼 거라고 믿어요.

WHAT CAN I DO WHEN I GROW UP?

제14장

결국 좋아하지 않는
일을 하는 이유

Why do people end up
in jobs they don't like?

슬프게도 많은 어른들이 별로 좋아하지 않는 일을 직업으로 가져요. 직업 자체가 끔찍한 것은 아닐 거예요. 다른 사람이라면 진짜 좋아할 만한 일일 수도 있어요. 하지만 자신이 좋아하지 않는 일이라면 우울해지겠죠. 왜 이런 일이 일어나는지 생각해 봅시다.

지나친 순종

언제 규칙을 따르고 언제 어겨도 되는지 가늠하기는 정말 어려워요. 많은 어른들이 지루한 직장 생활을 하는 것은 지나치게 말을 잘 듣기 때문이에요. 불합리하면 거절할 수도 있을 텐데, 항상 회사가 시키는 대로 하지요.

이런 사람은 어린 시절 부모님이 엄격하고 무서워서 "저는 그렇게 생각하지 않아요."라고 말할 기회가 없었을지도 몰라요. 덕분에 '착한' 아이로 자랐는지는 몰라도 자신의 마음에 귀 기울이고 그 소리를 따를 줄 아는 사람이 되지는 못했어요. 어른으로서 '착한' 사람이 되는 방법을 아는 건 좋은 일이에요. 하지만 진짜 자기 자신이 되는 법을 아는 게 훨씬 더 중요해요.

지나친 반항

반대로 너무 반항적인 어른도 문제가 될 수 있어요. 반항적인 어른은 다른 사람이 어떤 일을 요구할 때마다 싫다고 말해야 할 것 같은 느낌을 받아요. 자신은 남이 시키는 대로 하지 않는 독립적인 사람이라는 걸 보여 주고 싶기 때문이지요. 이런 사람은 권위를 싫어하고, 어수선하고, 시간 약속을 잘 지키지 않아서 결국 직장을 구하기 어려워질 수도 있어요.

어느 정도 지혜롭고 차분한 반항(문제를 일으키지 않으면서 서글서글한 태도를 유지하는 반항)은 꼭 필요하지만, 무턱대고 반항만 하면 곤란해요. 자기 자신을 잃지 않으면서 때로는 직장에서 하라는 대로 해야 할 때도 있다는 사실을 받아들여야 해요.

평판에 집착하기

어떤 직업들은 평판이 좋아요. 사람들은 이런 직업을 대개 훌륭하다고 생각해요. 여러분이 훗날 의사, 변호사, 과학자가 되고 싶다고 말했을 때 뒤돌아서서 "그런 일을 하고 싶다니, 끔찍해."라고 욕하는 사람은 아무도 없을 거예요. 이런 직업은 급여도 높고 사람들의 존경도 뒤따르지요.

문제는 평판이 직업을 선택하는 데 있어 그렇게 중요한 이유는 아니라는 점이에요. 평판이 아무리 좋은 직업이라도 자신에게 안 맞을 수 있어요.

평판은 사람들이 동경하는 일을 해야 한다고 우리를 속여요. 이런 평판 때문에 여러 문제가 생기지요. 여러분이 곧 휴가를 떠난다고 상상해 봅시다. 평판 좋은 직업에 걸맞게 가려면 스키를 타러 가거나 섬나라로 놀러 가야 할 거예요. 하지만 사실은 할머니 댁에 가서 강아지와 놀고 감자를 먹거나, 예전부터 눈여겨봤던 건축물을 보러 가고 싶을 수도 있어요. 다른 사람들은 휴가를 그런 식으로 보내면 지루하다고 생각할지 몰라요. 그런데 그건 그렇게 말하는 사람들한테만 그런 거예요. 지금 다른 사람을 위해서 휴가 가려는 게 아니잖아요. 여러분이 즐겁게 보낼 휴가를 고민하는 거잖아요.

직업도 마찬가지예요. 평판 좋은 직업이 자신에게 맞을 수도 있지만, 여러분이 찾으려고 하는 것은 다른 사람이 좋다고 생각하는 직업이 아니에요. 명망, 명성, 위세에 눈멀지 않도록 조심하세요.

가족

가족은 내 행복과 '나에게 좋은 것'에 끝없이 관심을 보이는 사람들이에요. 그럼에도 불구하고 직업을 선택할 때 문제를 일으킬 수 있어요. 악의가 있거나 못되게 굴려는 것은 아니지만, 여러분이 진정 좋아하는 일보다 그동안 가족의 눈에 좋아 보였던 일이나 가족이 잘 알고 있는 일을 하도록 은근히 영향을 끼칠 수 있어요.

직업을 선택할 때는 가족의 영향을 정말 많이 받아요. 여러분은 알아차리지 못할 수도 있지만, 가족들은 어떤 직업이 가치 있고 흥미롭다고 여기는지 여러분에게 끊임없이 신호를 보낼 거예요. 그러면 다른 직업이 눈에 잘 보이지 않을 가능성이 커요. 설령 다른 직업이 눈에 들어오더라도 가족이 뚜렷이 그어 놓은 선 때문에 자신이 선택할 수 있다는 생각이 들지 않을 수도 있고요.

> 나중에 커서 뭘 하고 싶은지 잘 모르겠어요.

> 그럼 네 엄마처럼 프로그래머가 되는 건 어떠니?

이 문제를 해결하는 방법은 관심을 가지는 거예요. 텔레비전을 보면서 '난 동물과 일하는 사람은 한 명도 몰라. 하지만 재미있는 직업일 것 같아.'라고 생각해 보세요. 쇼핑하고, 조사하고, 곰곰이 생각해 보세요. '마트에서 본 밝은 전구를 만드는 사람에 대해서 들어본 적이 없네. 나중에 이 분야를 꼼꼼히 살펴봐야겠다.'라고요. 직업의 세계가 얼마나 넓고 다양한지 깨달을 수 있을 거예요. 가족들이 얼마나 다양한 직업들을 여러분에게 얘기해 주지 않았는지도요.

지나친 경쟁

성공한 예술가나 프로 테니스 선수, 모델, 가수처럼 어떤 직업은 굉장히 멋지게 보이고 사람들 입에 끊임없이 오르내려요. 우리가

JOB PROFILE #20

게임 기획자

이야기를 지어내길 좋아하나요? 게임 기획자는 완전히 새로운 세계를 창조하거나, 아무도 모르는 은하를 탐험하고, 시공간을 구부릴 수 있어요. 창의적인 마법과 기술력을 결합할 줄 알아야 해요.

직업을 고민하기 시작할 때, 이런 직업부터 머릿속에 떠오르는 건 당연한 일이에요.

하지만 이런 직업에 가장 먼저 관심이 쏠리는 바람에 너무 많은 사람들이 비슷한 직업을 원하는 게 문제예요. 사실 이런 직업을 가질 기회는 희박해요. 테니스 선수를 한번 살펴 볼까요? 7,500만 명의 사람들이 테니스를 좋아하지만, 테니스 경기를 치르며 생계를 꾸려 가는 사람은 수백 명에 지나지 않아요. 여러분은 테니스를 잘 치는 사람이 될 수도 있고, 몇 년 동안 연습할 수도 있지만, 그래도 직업으로서 프로 선수가 될 가능성은…… 거의 없어요.

게임으로 돈을 버는 사람도 마찬가지예요. 많은 사람들이 게임을 하며 시간을 보내지만, 정작 게임을 만들거나 게임 대회에 나가 돈을 버는 사람은 극소수예요. 순식간에 큰돈을 거머쥔 사람들이 있긴 해도 매우 드문 일이지요.

특정 직업에 지나치게 많은 사람들이 몰려들면 열심히 노력하더라도 좋은 결과를 맛보기 힘들어요. 잘하지 못해서가 아니라 불꽃이 튈 정도로 경쟁이 치열하기 때문이에요. 같은 노력을 다른 일에 쏟으면 성공하고 만족할 가능성이 커질 거예요.

행복한 직업을 얻었다는 것은 성공의 가능성을 영리하게 가늠했다는 뜻이기도 해요. 이미 너무 많은 경쟁자가 몰려 있는 경우는 피하고, 실제로 이길 수 있는 경주에 집중하는 것이 현명한 선택이에요.

당신의 생각

 **가족이 직업 선택에 끼치는 영향 이해하기**

내가 커서 무슨 일을 하고 싶은지 고민할 때, 가족이 큰 영향을 끼칠 수 있어요. 다음 질문을 살펴보면서 가족이 직업에 어떤 관점을 갖고 있는지 생각해 봅시다.

먼저 직업에 대한 우리 가족의 생각을 알아본 다음, 같은 질문을 다른 가족에게 적용해 보세요. 친구네 가족에게 물어봐도 좋아요. 다양하고 멋진 답변이 나와서 여러분 앞에 펼쳐질 선택지를 폭넓게 볼 수 있도록 도와줄 거예요.

우리 가족은 어떤 일을 하고 있나요? 직업이 모두 비슷한가요?

우리 가족은 어떤 직업을 자주 말하고 우러러보나요?

우리 가족은 어떤 직업을 별로 좋아하지 않나요?

우리 가족은 자신을 위한 일을 하나요, 아니면 다른 사람을 위한 일을 하나요?

우리 가족은 어떤 직업을 이상하거나 정상이 아니라고 생각하나요?

우리 가족은 돈에 대해 어떻게 생각하나요? 나는 다르게 생각할 수 있나요?

**WHAT CAN I DO
WHEN I GROW UP?**

제15장

커서 뭐가 되고 싶냐는
질문에 대답하는 법

How to answer people who ask you what you are going to do

이제 모임에서 친척 어른이 다가와 나중에 커서 뭐가 되고 싶냐는 악의 없는 질문을 던졌을 때 어떻게 대답하면 좋을지 힌트를 얻었나요?

먼저 굉장히 흥미로운 질문이라고 호응한 다음, 친절하고 다소곳하게 질문자의 기대와는 살짝 다른 방향으로 대답하는 거예요. 어떤 직업을 가져야 할지 아직 확실히 모르겠다고 대답할 수도 있어요. 그래도 괜찮아요. 어떤 직업을 콕 집어 말하기보다는 자신이 무엇을 좋아하는지 파악하는 게 훨씬 중요하다는 것을 알았으니까요.

아니면 사람들에게 주목받거나, 다른 사람을 돕거나, 정리정돈하는 것을 좋아한다고 설명할 수도 있어요. 지금은 연필을 정돈하는 정도지만 나중에는 큰 물류 창고나 국가 정책을 정비하게 될지도 모른다고 말이지요.

마음이 내킨다면 말이 나온 김에 친척 어른에게 요즘 '좋은' 직업 찾기가 얼마나 힘든지 일깨워 줄 수도 있어요. 단지 돈을 버는 직업이 아니라 자신이 좋아하는 일을 찾아야 하기 때문이라고 설명하면서요.

또 학교에서 잘하는 것과 직장에서 잘하는 것을 혼동하지 않는다고 말해 주세요. 만약 친척 어른의 기분이 괜찮아 보인다면, 아직 직업 세계를 완벽하게 알지는 못하지만 앞으로 더 많이 배우려고 노력할 거라고 덧붙여도 좋을 것 같아요. 특히 우리 가족이 잘 모르는 직업을 살펴보겠다고요. 그런 다음, 친척 어른은 직업의 세계를 헤쳐 나갈 때 어떻게 방향을 잡았는지 공손히 물어볼 수도 있겠지요.

마지막으로, '디저트는 무엇일까?' 같은 중요한 주제로 대화가 넘어갈 때, 친척 어른에게 최근에 읽은 책 얘기를 해 볼 수도 있겠네요. 생각의 폭을 넓혀 준 흥미로운 책이었다고요. 책을 읽고 모든 답을 얻을 수는 없었지만 훨씬 더 중요한 것, 바로 나 자신에 대해 생각하는 법을 알게 되었다고 말이에요.

활동#12 　나에게 장래 희망을 묻는 어른들에게 물을 만한 질문

24살 때 무슨 일을 했나요?

언제 그 일을 하고 싶은지 깨닫게 되었나요?

그 직업 말고 다른 대안을 생각해 본 적이 있나요? 있다면 무엇인가요?

일하면서 얼마나 행복한가요?

나에게 조언해 준다면? 또는 후회되는 일이 있다면요?

나의 미래 그려 보기

옮긴이 _ 신인수

성균관대학교 대학원에서 번역학을 전공했습니다. 오랫동안 어린이책을 만드는 편집자로 일했고, 지금은 외국의 좋은 작품을 찾아 우리말로 옮기는 일을 하고 있습니다. 옮긴 책으로는 《서프러제트》, 《초등학생이 알아야 할 참 쉬운 정치》, 《글로벌 경제 교실》, 《착해도 너무 착한 롤리의 일기》, 《바다 괴물 대소동》 등이 있습니다.

뭐가 되고 싶냐는
어른들의 질문에 대답하는 법
나에게 딱 맞는 직업을 찾는 15가지 질문

지은이 알랭 드 보통, 인생학교 | 옮긴이 신인수
펴낸날 2021년 9월 9일 초판 1쇄, 2025년 12월 25일 초판 10쇄
펴낸이 신광수 | 출판사업본부장 강윤구 | 출판개발실장 위귀영
아동인문파트 김희선, 박인의, 설예지, 이현지 | 출판디자인팀 최진아, 당승근
출판기획팀 정승재, 김마이, 박재영, 이아람, 전지현
출판사업팀 이용복, 민현기, 우광일, 김선영, 이강원, 허성배, 정유, 정슬기, 정재욱, 박세화, 김종민, 정영묵
출판지원파트 이형배, 이주연, 이우성, 전효정, 장현우

펴낸곳 (주)미래엔 | 등록 1950년 11월 1일 제16-67호 | 주소 서울특별시 서초구 신반포로 321
전화 미래엔 고객센터 1800-8890 팩스 (02)541-2547 | 홈페이지 주소 www.mirae-n.com

ISBN 979-11-6413-908-8 (74190)
　　　979-11-6413-909-5 (세트)

* 책값은 뒤표지에 있습니다.
* 파본은 구입처에서 교환해 드리며, 관련 법령에 따라 환불해 드립니다.
　다만, 제품 훼손 시 환불이 불가능합니다